Höfler

Atem-Entspannung

Die Autorin

Heike Höfler ist staatlich geprüfte Sport- und Gymnastiklehrerin. Zunächst an Kliniken als Bewegungs- und Atemtherapeutin tätig, arbeitet sie seit 2002 als selbstständige Gymnastiklehrerin mit eigenem Kursangebot sowie für Krankenkassen, Bildungswerke und andere Institutionen. In ihren Kursen erlebt sie es täglich: Der tiefe Atem entspannt und weckt die Lebensgeister. Diese Erfahrung inspirierte sie, die Atem-Entspannung als eine Kombination aus Atemübungen und lockernden Übungen für Gesicht, Kiefer und Nacken zu entwickeln. Sie ist Autorin zahlreicher Gesundheits-, Gymnastik- und Entspannungsbücher. www.heike-hoefler.de

Heike Höfler

Atem-Entspannung

Soforthilfe bei inneren und äußeren Spannungen
Über 70 einfache Übungen zum Lockerwerden

TRIAS

Unser Atem, unsere Energiequelle

Ein chinesisches Sprichwort sagt: ist der Atem kurz, flach und unstet, zittert er wie Blätter im Wind. Dann gelingt es nicht zur Ruhe zu kommen. Mehr Entspannung, ausgeglichen sein und voller Energie – wer sich das wünscht, liegt mit der Atem-Entspannung richtig.

Ruhiger Atem – ruhiger Geist

Einatmen, ausatmen – das klingt wie ein ganz einfacher Vorgang. Tatsächlich aber sind eine Reihe von Muskeln, Nerven und Organen beteiligt. Lernen Sie, alle Beteiligten zu koordinieren. Durch den tiefen Atem werden Sie rasch bemerken: Dem ruhigen Atem folgt ein ruhiger Geist.

Wohltuende Atempausen

Abschalten, Dampf ablassen oder endlich mal wieder richtig durchschlafen – die Übungsprogramme sind genau auf Ihren Alltag abgestimmt. Schon wenige Minuten reichen, um die Laune zu heben, Energie zu tanken oder sich besser zu konzentrieren.

Vorwort

Mehr Entspannung, weniger Stress, ausgeglichen sein und voller Energie – wer sich das wünscht, liegt mit der Atem-Entspannung richtig. Sie ist die am leichtesten erlernbare Entspannungsmethode, und ihr „Werkzeug", der Atem, ist immer und überall verfügbar.

Ein chinesisches Sprichwort sagt: Ist der Atem kurz, flach und unstet, zittert er wie Blätter im Wind. Dann gelingt es nicht, zur Ruhe zu kommen. Erst ein ruhiger Atem hilft uns, aus dem Karussell der dauernd kreisenden Gedanken auszusteigen und wieder klar zu werden.

Aber nicht nur mental, auch körperlich helfen Atemübungen, etwa gegen Verspannungen von Schultern, Nacken und Kiefer, gegen Stirnfalten, Kopfweh oder Magenkrämpfe, bei Panikattacken, Ängsten, Depression und Burnout-Zuständen. Puls, Blutdruck und Herzfrequenz normalisieren sich. Als angenehmer Nebeneffekt bewirken die Übungen einen gesunden, erholsamen Schlaf.

Dieses Buch soll eine Hilfe sein, gelöst und natürlich zu atmen und dadurch zu seelischer, körperlicher und geistiger Entspannung zu finden. Lernen Sie dazu Ihren Atem kennen: Im ersten Kapitel erfahren Sie, wie der Atem funktioniert, was seine Aufgabe im Körper ist, welche Muskeln beteiligt sind und was ihn beeinflusst. Der Praxisteil beginnt mit einem Selbsttest und Basisübungen, mit denen Sie Ihren Atem erspüren und vertiefen lernen.

Der frei fließende Atem braucht Platz. Deshalb finden Sie im Anschluss an die Basisübungen die besten Dehnungsübungen, die die Körperwände elastisch halten und den Atem sich ausbreiten lassen. Es folgt ein Abschnitt über die Achtsamkeit. Sich auf den Atem zu konzentrieren hilft, alte Gedanken- und Gefühlsmuster, Gewohnheiten, Belastendes loszulassen und den gegenwärtigen Augenblick als heilsam und angenehm zu erfahren. Im Kapitel Atem-Variationen finden Sie Übungen, mit denen Sie spielerisch Ihren Atem beeinflussen, ihn nach Herzenslust mit Tönen, Seufzern oder einem herzhaften Gähnen verbinden können.

Schließlich folgen Übungsprogramme, die Sie zu Hause in Ruhe, aber auch zwischendurch im Alltag üben können. Denn: Je öfter Sie üben und je mehr Sie das Gelernte in den Alltag einfließen lassen, desto nachhaltiger und tief greifender wird der tiefe, gelöste Atem Ihr Leben verändern.

Sie sind eingeladen, aus Ihrem angespannten Alltagsrhythmus auszusteigen und wieder zu Ihrem individuellen natürlichen Atemrhythmus zu finden. Im Atemrhythmus werden Sie eine Quelle von Kraft, Vitalität und mentaler Stärke finden. Sie werden zu sich selbst finden und ein Gefühl der Ganzheit entwickeln. Bald werden Sie feststellen, dass Sie sich besser konzentrieren können und das Denken klarer wird. Die Nerven beruhigen sich, die Stimmung hellt sich auf. Auf alle Organe und Funktionen unseres Körpers wirkt der Atem harmonisierend und heilend.

Heike Höfler
Mai 2012

Energiequelle Atem

Der Atem ist unsere wichtigste Energiequelle, denn er versorgt den Körper mit dem lebenswichtigen Sauerstoff. Wer tief und bewusst atmet, lebt entspannter, vitaler und gesünder. Gute Gründe, den Atem und seinen natürlichen Rhythmus einmal kennenzulernen.

Atem ist Leben

Aufatmen! Nicht so schnell außer Atem kommen. Atem holen und zur Ruhe kommen. Kraft schöpfen. Die meisten Menschen sehnen sich nach Entspannung als Ausgleich zur Hektik des Alltags. Weniger Stress, mehr Gelassenheit, das ist der am häufigsten geäußerte Vorsatz der Deutschen. Doch wie ging das noch mal?

Entspann dich doch mal. Atme in die Tiefe, langsamer. Wenn das so einfach wäre. Viele Menschen fühlen sich gestresst, innerlich unruhig oder gehetzt. Prompt greifen sie nach Zigaretten, Alkohol oder Tabletten – wohl wissend, dass das keine guten Stresskiller sind, ebenso wenig wie der Fernseher. Der Mensch hat verlernt, auf seine innere Stimme zu hören und nötige Atempausen einzuhalten. Es gilt, Entspannung neu zu erlernen – und das gelingt am einfachsten durch den ruhigen Atem. Wem Entspannung zunächst noch schwerfällt, wird sie mit der Zeit immer schneller abrufen können, fast wie einen Reflex.
Denn dieser Entspannungsreflex ist im Menschen angelegt, bloß haben wir ihn in unserer „Verstandesgesellschaft" wirkungsvoll ignoriert und abgewer-

WICHTIG

Alleskönner Atem

Der Atem kann wie ein kleines Rinnsal durch unseren Körper fließen oder wie ein Leben spendender Fluss. Diese Lebenskraft kann uns beflügeln, verleiht Vitalität, Frische und unterstützt alle Lebensprozesse. Der Atem vermittelt uns den lebenswichtigen Sauerstoff und ist die Quelle unsere Lebensenergie. Gleichzeitig ist er der Anker für tiefe Ruhe und kann körperliche, seelische und geistige Blockaden lösen. Auch Schlafprobleme, Erschöpfung oder Konzentrationsschwäche können sich durch den gelösten und tiefen Atem verbessern oder verschwinden ganz. Wer seinen Atem stärkt, stärkt seine körperliche und seelische Kraft.

tet. Je mehr Denken und Verstand überbewertet wurden, desto weniger galten Emotionen, die Intuition und die Seele. Sie blieben unbeachtet, passten nicht in das wissenschaftliche Denken. Dass Körper und Seele sich gegenseitig beeinflussen, eine Einheit bilden und der Atem in dieser Einheit der „Vermittler" ist, dieses Wissen geriet in Vergessenheit. Aber immer mehr Menschen wollen wieder an dieses Wissen anknüpfen. Sie fühlen sich tagein tagaus gefordert, stehen unter Druck und sind angespannt – „Unter-Strom-stehen" wird zum Dauerzustand. Das zeigt sich in verspannten Muskeln, vor allem im Bereich der Kiefer, des Nackens und der Schultern. Und es zeigt sich in einem flachen, schnellen Atem. Über den entspannten, natürlichen Atem können Sie viel für Ihre Gesundheit tun: für Körper, Seele und Geist. Über ihn können Sie zu innerer Ruhe finden und verborgene Ressourcen stärken. Der Atem wirkt für die Seele und den Körper wie eine Quelle für Energie und Wohlbefinden. Lernen Sie, wieder tiefer und ruhiger zu atmen, und gönnen Sie sich ab und zu Augenblicke, um durchzuatmen. Denn dann können Sie den langen Atem erlangen, den Geist beruhigen und leichter und entspannter durchs Leben gehen. Bauen Sie Verschnaufpausen in die Hektik des Tages ein, um zu regenerieren und Körper, Geist und Seele nicht „verhungern" zu lassen.

Dieses Wissen uns wieder anzueignen bedeutet Lebensqualität, Gesundheit, innere Ruhe und seelische Kraft zu erlangen. Der Atem birgt eine enorme Heilkraft in sich. Wie Sie diese Heilkraft wieder nutzen und wie Sie Ihren Atem wieder zur vollen Entfaltung bringen können, das zeigt Ihnen dieses Buch. Wenn der Atem in vollem Fluss ist, kommt der Gedankenstrom zur Ruhe. Anspannungen in den Muskeln können sich lösen. Und umgekehrt gilt: Dehnübungen, die verkürzte Muskeln elastisch machen und Verspannungen lösen, lassen den Atem leichter durch alle Gewebe hindurchfließen. Weite, gedehnte Körperwände locken den Atem. Beim Ausatmen können sich elastische Körperregionen leichter und besser zusammenziehen und die Ausatmung unterstützen. Der Atem verlangsamt sich, vertieft sich und schenkt Kraft.

wichtig

Bauen Sie täglich ein kleines Entspannungsritual in Ihren Alltag ein. So wird es Ihnen nach und nach immer leichter fallen, sich körperlich, seelisch und geistig zu entspannen.

Uralte Traditionen des Atmens

In allen alten Kulturen spielte der Atem eine bedeutende Rolle. Ob in Ägypten, Tibet, Japan oder bei den alten Griechen, überall wurden Atemübungen zur Kunst entwickelt. Sie dienten der Gesunderhaltung, der Entwicklung innerer Kraft und der Harmonisierung des Energieflusses im Körper. Dabei wurzelte die Lehre des Atems zunächst im religiös-spirituellen Bereich: der Atem als Instrument, um geistige Erkenntnisse zu erlangen.

Es waren die Weisen, Gelehrten und Philosophen, die die Übungen entwickelten. Priesterärzte, Mönche und Religionsstifter benutzten Atemübungen besonders zur Meditation und religiösen Kontemplation, um dadurch tiefe innere Ruhe zu finden und das Einssein von Körper, Geist und Seele zu erfahren.

Indische Yogis entwickelten bereits vor mehr als zweieinhalb Jahrtausenden Atemübungen, mit denen Sie das „Prana", die Lebenskraft oder Lebensenergie, in Fluss brachten. Das „Chi" im Daoismus steht gleichermaßen für Lebensenergie wie für den Atem. Noch heute prägt die Vorstellung vom Chi das Weltbild vieler Menschen in den fernöstlichen Kulturen. Aber nicht nur in den östlichen Religionen, auch im Christentum besteht diese Analogie von Atem und Lebensenergie: So steht das hebräische Wort „Ruach" sowohl für den Atem als auch für den Geist, das Gleiche gilt für „Pneuma" im Griechischen und „Spiritus" im Lateinischen. Mit dem „Odem" hauchte Gott dem Menschen die Lebensenergie ein: „Und Gott der Herr machte den Menschen aus einem Erdenkloß, und blies ihm ein den lebendigen Odem in seine Nase. Und also ward der Mensch eine lebendige Seele.' (1. Moses 2,7) Der Atem Gottes machte den Menschen erst lebendig. Dieser Atem atmet in dem Menschen. Und genau auf diesen Atem gilt es, Acht zu geben. Anselm Grün schreibt: „Ich gehe achtsam um mit meinem Atem, weil ich darin den Atem Gottes spüre, der mich mit Leben erfüllt, der meinen ganzen Leib durchdringt mit seiner heilenden Wärme."

Lange Zeit blieben die Erkenntnisse der alten Philosophen und die überlieferten Atemtechniken unbeachtet. Mit den ersten Naturheilkundlern, besonders aber nach Ende des Zweiten Weltkriegs, als fernöstliche Philosophien „in Mode" kamen, erhielt der Atem in Form von Atemtherapie neuen Auftrieb. Als Mittel zur Selbsterfahrung, Entspannungsverfahren, aber auch in der Psychotherapie und Psychologie nahm der Atem neuen Raum ein.

Der Atem als Spiegelbild des Lebens

Wir atmen, wie wir leben. Und umgekehrt gilt es genauso: Wir leben, wie wir atmen. Wie sieht das nun im 21. Jahrhundert aus? Beschleunigung ist das zentrale Thema: Alles geschieht schneller, immer mehr Aufgaben müssen in immer weniger Zeit erledigt werden. Unsere Lebensweise ist geprägt von Zwängen, permanentem Zeitdruck und Hektik – und das nicht nur während der Arbeit. Industrialisierung, Technisierung und medizinischer Fortschritt haben uns viele Annehmlichkeiten beschert. Aber das hat seinen Preis: Natürliche Bedürfnisse wie Bewegung, Entspannung, Ruhe, Ausgeglichenheit, Natürlichkeit bleiben auf der Strecke. Es zählen Leistung und Effektivität. In immer kürzerer Zeit können wir immer mehr leisten. Schneller, weiter, höher, besser … Der Körper und das Gehirn sollen funktionieren. Das Nervensystem, das das Gleiche ist wie vor Millionen von Jahren, wird immer mehr überfordert, überreizt und irritiert.

Aber wie geht es den Menschen dabei? Am Atem können Sie es ablesen: Unser Atem hat sich den Zwängen, dem Leistungsdruck, der Hektik, dem Dauerstress der heutigen Lebensweise und den unterdrückten Gefühlen angepasst. Dauerbelastung hat ihn eingemauert. Daher leben wir in einer atemlosen Welt. Immer flacher und schneller wird der Atem, verliert an Tiefe und harmonischem Rhythmus.

Sich zusammenreißen und die Gefühle unterdrücken hemmt den Fluss des Atems. Kleine Kinder können (und dürfen) es noch: vor Wut schreien, aus Angst oder Schmerz weinen, vor Vergnügen laut lachen. Doch mit zunehmendem Alter werden starke Emotionen und die Reaktionen darauf immer mehr unterdrückt. Auch andere spontane Atemimpulse wie Gähnen

> ## PRAXIS
> ### Überall verfügbar
> Die entspannende, beruhigende Bauchatmung wird ihre Wirkung das eine Mal nach drei Minuten erzielen, ein anderes Mal bereits nach 30 Sekunden. Manchmal hilft es schon, einmal tief durchzuatmen und mit der Ausatmung bewusst alle Anspannung loszulassen. Als Blitzentspannungsmethode ist die Atem-Entspannung nahezu überall einsetzbar: in der kurzen Pause zwischen Terminen, wenn Sie im Stau stecken oder vor einer Prüfung. Besonders raffiniert: Sie können die erlernten Übungen so durchführen, dass man es Ihnen nicht ansieht. So können Sie sogar mitten in einem Streitgespräch, wenn Sie der Chef oder ein Kollege unfair behandelt, Ihre Aufmerksamkeit auf den Atem lenken – nichts bringt Sie mehr so leicht aus der Ruhe.

oder Seufzen sind nicht salonfähig. Die Folgen: Es entstehen Verspannungen, Verkrampfungen, schlechte Körperhaltung.

Hinzu kommt: Die meisten von uns bewegen sich nicht ausreichend. Während der Arbeit sitzen wir am Schreibtisch, auf dem Weg dorthin im Auto und abends auf dem Sofa. Bewegung kommt zu kurz, das ewige Sitzen schlägt sich auf die Körperhaltung nieder: nicht aufrecht und kraftvoll, sondern vornübergesunken und schlaff. Kein Wunder, dass der Atem nicht mehr natürlich fließt.

Der Atemrhythmus wird zum Lebensrhythmus

Die gute Botschaft stand am Anfang des Kapitels: Wir atmen, wie wir leben. Wir leben, wie wir atmen. Denn der Atem geschieht meist unwillkürlich, er reagiert wie ein Reflex auf alle unsere Gedanken, Gefühle und Handlungen. Stellen Sie sich in Gedanken einen Mönch bei der Kontemplation und einen Manager am Schreibtisch vor. Vermutlich strahlt der eine Ruhe, der andere Rastlosigkeit oder gar Hektik aus. Der Atem spiegelt sich darin wider: Der Mönch hat durch die innerlich wie äußerlich ruhige Haltung zu einem tiefen und regelmäßigen Atem gefunden, während der arbeitende Manager schneller und flacher atmet. Vielleicht ist es schwer, die eigenen Lebensbedingungen zu ändern, dem Stress und der Hektik auszuweichen. Aber Ihren Atem können Sie beeinflussen: Durch Achtsamkeit und regelmäßiges Üben werden Sie ein Gespür für den Atem entwickeln und zu einem natürlichen Rhythmus zurückfinden. Mit diesem tiefen, natürlichen Atem wird mehr Ruhe und Gelassenheit in Ihr Leben einkehren. Denn nichts eint Körper, Geist und Seele mehr als der Atem. Der Atem bringt die innere Ruhe zurück, die das Leben beeinflusst und bereichert. Spannungen lösen sich, und Sie werden sich wieder vital und beschwingt fühlen.

Raus aus der Stressspirale

Im Atem finden sich Hektik, unterdrückte Gefühle, Leistungsdruck, Unstetigkeit und die Schnelllebigkeit unserer Kultur wieder. Wer gestresst ist, atmet auch so, nämlich kurz, hastig oder gar abgehackt. Der Atemstrom verkümmert zu einem dünnen Rinnsal, das den Körper nur noch mit dem Nötigsten versorgt – mit vielfältigen Folgen. Ein tiefer, gelöster Atem hingegen beruhigt, löst mentale Blockaden und lockert körperliche Verspannungen.

Stress – Körper in Alarmbereitschaft

Ein uralter Reflex, der „Angst-Flucht-Reflex“, ist beim heutigen Menschen genauso aktiv wie bei seinen Vorfah-

Was der Atem alles kann

Der Atem ist ein Alleskönner – fast könnte man sagen, mit dem tiefen Atem geht alles, und ohne ihn geht nichts. Ein tiefer Atem entspannt, macht gute Laune und fördert die Konzentration. Angst und Wut, Schmerzen und Kreislaufprobleme lassen sich einfach wegatmen. Das ist spürbar und sichtbar, denn auch Haltung und Ausstrahlung gewinnen durch einen tiefen Atem.

Atem macht wach

Mit Atemkörperübungen, z. B. Dehnen, Strecken, Schwingen oder Klopfen, können Sie schon morgens den Kreislauf in Schwung bringen, neue Kraft und Energie schöpfen und mit guter Laune in den Tag starten. Schon im Bett können ein paar tiefe Atemzüge zusammen mit genüsslichem Räkeln und Strecken die Müdigkeit vertreiben. Eigentlich ist es ein Klassiker, aber kaum einer macht's: Sich vor dem geöffneten Fenster zu recken und zu strecken, als ob man die Decke erreichen wollte. Gähnen, seufzen, summen, tönen – nur wenige Minuten reichen aus, um sich positiv auf den Tag einzustimmen (Seite 75). Ein Übungsprogramm speziell für den Morgen finden Sie ab Seite 83. Es macht schnell wach und kurbelt den Kreislauf, den Stoffwechsel und den Energiestrom an.

Atem und Schlaf

Viele Menschen leiden unter Schlafstörungen, können nicht einschlafen oder wachen mitten in der Nacht oder in den frühen Morgenstunden wieder auf. Hier hilft die Konzentration auf den ruhigen, langsam fließenden Atem. Erspüren Sie, wie der Bauch sich hebt und senkt, und lassen Sie den ganzen Körper schwer auf der Matratze ruhen. Durch die Aufmerksamkeit auf den Atem und die Atembewegung können Sie geistig abschalten und sich körperlich entspannen. Indem Sie den Atem bewusst fließen lassen, können innere Ruhe und Gelassenheit entstehen. Sie können dadurch das Gedankenkarussell stoppen, sich von quälenden Alltagsgedanken befreien. So finden Sie leichter in einen tiefen, erholsamen Schlaf.

Atem und Konzentration

Das Gehirn ist der Ort, wo Konzentration entstehen kann. Konzentration heißt, die ungeteilte Aufmerksamkeit auf eine bestimmte Sache oder eine Person zu lenken. Das können Sie üben: Indem Sie sich immer wieder die Zeit nehmen, sich z. B. auf die Flamme einer Kerze, eine Blume oder den Atem zu konzentrieren. Das wirkt sich auch positiv auf die Stimmung aus: Wer sich ganz auf eine Sache einlässt, erlebt dabei eine innere Freude. Atemübungen haben zudem den Vorteil, dass sie den Körper mit Sauerstoff versorgen. Die Gehirnzellen sind in besonderem Maße stoffwechselaktiv und daher richtige „Energievielfraße", vor allem wenn wir denken und uns konzentrieren. Sauerstoff ist der Treibstoff, der Ihr Gehirn in Gang hält. Eine tiefe, gleichmäßige, langsame Atmung sorgt für genügend Sauerstoff für die hungrigen Gehirnzellen. Ein Grundsatz lautet: „Bewusst ausatmen, wenn die Konzentration nachlässt." Gute Ausatemübungen sind z. B. Seufzen oder Gähnen (siehe Atem-Variationen ab Seite 70). Auch die Wechselatmung (Seite 71) „durchlüftet" das Gehirn. Eine gute Übung, wenn Ihre Aufmerksamkeit nachlässt, ist auch das Einschnüffeln der Luft durch die Nase. Besonders wirkungsvoll ist diese Übung, wenn Sie ein paar Tropfen Japanisches Minzöl auf Ihren Handrücken oder in ein Tempotaschentuch tröpfeln und dann den Geruch einschnüffeln.

Schmerzen wegatmen

Ein tiefer, bewusster Atem kann Schmerzen lindern oder sogar beseitigen. Atmen Sie bewusst zu der schmerzenden Stelle hin ein, z. B. in den Kreuzbereich, zu den Augen oder einem inneren Organ. Stellen Sie sich vor, dass dieser Bereich sich dehnt und weit wird. Schicken

Sie gedanklich heilende Energie und Sauerstoff dorthin, wo es wehtut. Beim Ausatmen die schmerzende Region sich entspannen und die Luft langsam entweichen lassen. Stellen Sie sich dabei vor, dass Schmerzen, Anspannung und Verbrauchtes ausströmen. Auch ein Achtsamkeitstraining kann helfen, mit Schmerzen besser umzugehen. Das Achtsamkeitsprogramm Mindfulness-Based Stress Reduction (MBSR) wurde speziell für Schmerzpatienten konzipiert (Seite 59).

Atem für gute Gefühle

Der Atem reagiert auf jedes Gefühl und kann umgekehrt jedes Gefühl beeinflussen. Je tiefer und freier Sie atmen, desto mehr können sich angenehme Gefühle ausbreiten. Wenn Sie angespannt sind und der Atemstrom nur zu einem Rinnsal geworden ist, dann versuchen Sie zu lächeln und an etwas Schönes zu denken, an ein Lieblingsgericht, den letzten Urlaub, eine herrlich duftende Rose. Stellen Sie sich das ganz bildhaft vor, spüren Sie tiefe Freude dabei und erleben Sie, wie der Atem sich vertieft und wie von allein ein Wohlgefühl entsteht. Ein Entspannungsprogramm, das die Stimmung hebt, finden Sie ab Seite 97).

Oder lachen Sie einfach „drauflos“. Stellen Sie sich etwas Lustiges vor und lachen Sie: mit allen Lachmuskeln, also auch denen um die Augen herum. Per Rückmeldung von den Gesichtsmuskeln kommt dann im Gehirn die Botschaft an: gute Laune! Lachen vertieft den Atem, versetzt das Zwerchfell in Schwingungen, löst Rumpf- und Atemmuskeln und befreit die Kehle. Es schenkt dem Körper und dem Gehirn eine regelrechte Sauerstoffdusche. Stresshormone werden gebremst, Anspannungen wie durch ein Ventil abgelassen. Glückshormone werden ausgeschüttet. Lassen Sie sich nach einer Lachsalve ein wenig Zeit nachzuspüren: Die Muskeln sind jetzt lockerer, der Atem ist vertieft und der Herzschlag wird ruhiger (Seite 78).

Atmen für Ausstrahlung und Haltung

Ob es um ein Bewerbungsgespräch, einen Vortrag oder ein geschäftliches Treffen geht – entscheidend ist oft der erste Eindruck. Und der wird vom Auftreten, der Haltung und dem Gesichtsausdruck bestimmt. Eine gute Haltung hängt von einer aufgerichteten Wirbelsäule ab – aber damit das Ganze nicht steif aussieht, sind gedehnte, elastische Rumpfwände wichtig. Viele Menschen kennen leider eher das Gegenteil: nach vorne hängende Schultern, angespannte Körperwände und ein gestauter Atem, der nur in die oberen Lungenanteile gelangt.

Der Atem macht's! Ein befreiter, weit schwingender Atem richtet auf, denn mit rundem Rücken atmet es sich schlecht, und verschafft eine lockere – äußere wie innere – Haltung. Die Körperwände werden von Anspannungen gelöst und können mit jedem Atemzug frei mitschwingen. Der freie Atem befreit die Lebenskraft und lockert eine festgefahrene Haltung. So gehen Sie vitaler und aufgerichteter durchs Leben. Und das strahlt Offenheit, Vitalität und Lebensfreude aus. Sie wirken präsent und lebendig. Rückkoppelnd wirkt sich das wiederum positiv auf Ihr Selbstbewusstsein aus. Eine attraktive Ausstrahlung und innere Kraft, Körperbewusstsein und Selbstbewusstsein sind der Lohn.

Atem macht Töne

In der Stimme zeigt sich die Stimmung, sie ist Ausdruck der Persönlichkeit. Schon die alten Griechen praktizierten Stimmbildung, damit die Schauspieler in den Amphitheatern zu hören waren. Auch heute kommt es bei Rednern nicht nur auf die Rhetorik an, sondern auch auf eine kräftige Stimme. Auch Sänger und Schauspieler können das Publikum nicht begeistern, wenn ihnen die Luft ausgeht.

Atemtechniken können die Stimme trainieren, denn der Atem trägt die Stimme. Ganz wichtig dabei ist der Einsatz des wichtigsten Atemmuskels: des Zwerchfells. Der Körper ist der Klangraum, das Zwerchfell das Kraftwerk. Es lässt die Stimme gefestigt, kraftvoll und angenehm klingen. Dagegen lässt flaches Atmen die Stimme leise und dünn klingen. Je mehr das Zwerchfell zum Einsatz kommt, je freier der Atem fließen kann und je ausgewogener und lockerer die Haltung ist, desto mehr Resonanzräume werden im Körper aktiviert und desto klarer und fester hört sich die Stimme an.

ren in der Steinzeit. Es ist ein naturgegebener, biologisch festgelegter Reflex, der immer in Angst- bzw. Stresssituationen aktiviert wird und den Körper auf die Flucht vorbereiten soll: Das Herz schlägt schneller, der Puls rast, die Atemfrequenz steigt, und auch an die Muskeln senden die Nerven die Botschaft: Achtung, Gefahr! Spannt euch an! Zu Urzeiten rettete dieser Reflex das Leben, weil der Mensch blitzschnell reagieren, rennen oder kämpfen konnte, wenn ihm ein wildes Tier oder ein Feind begegnete. Und heute? Stresssituationen wie Termindruck, Prüfungsangst, Leistungsdruck, aber auch angstvolle Gedanken oder Gefühlschaos stellen heute die „Gefahr" dar, die diesen uralten Reflex aktiviert – und die gleichen Alarmreaktionen auslöst wie damals. Der einzige Unterschied: Wir rennen nicht davon, wir kämpfen nicht mit unserem Chef und flüchten nicht vor den vielen Dingen des Alltags, um die wir uns kümmern müssen, auch nicht vor dem Zeitdruck, in dem wir uns oft befinden. Stattdessen halten wir durch, beißen die Zähne zusammen und halten erst mal den Atem an. So verstärkt sich das Gefühl des Getriebenseins, die Stressspirale dreht sich.

Niemand von uns kann oder will sein Leben von Grund auf ändern. Das ist auch nicht nötig. Aber die Reaktionen des Körpers auf Stress sollten ein Ventil finden. Dazu gehören Bewegung, am besten an der frischen Luft, und regelmäßige Entspannungspausen – eine der wirkungsvollsten und immer abrufbaren Möglichkeiten bildet die Atem-Entspannung. Sie wurde uns von der Natur kostenlos mitgegeben. Es kommt nur darauf an, sie zu nutzen. Eine gute Übung für Zwischendurch finden Sie auf Seite 91. Vielleicht schaffen Sie es auch, das Übungsprogramm für den Mittag in Ihren Alltag einzubauen (Seite 87).

Burnout – seelischer Hilferuf

Bleibt der Stress bestehen und fehlt ein entspannender Ausgleich, kann es zum „Burnout-Syndrom" kommen. Rund um die Uhr zu schuften, dauernd erreichbar zu sein, nie zur Ruhe zu kommen, all das verlangt irgendwann seinen Tribut. Wer dann auch in der Familie oder im Freundeskreis keinen Rückhalt findet, wen dauerhaft Ängste und Sorgen plagen, der kann nicht mehr abschalten. Innere Unruhe, Nervosität, gepaart mit Schlafstörungen führen zum Gefühl des Ausgebranntseins, der körperlichen und psychischen Erschöpfung. Regelmäßige Entspannungsphasen, ein Atemtraining, das den Atem intensiviert und vertieft, kann helfen, die Energien wieder aufzuladen. Beschäftigen Sie sich möglichst oft mit den Basisübungen, vor allem die Bauchatmung (Seite 41), Vollatmung (Seite 44) und Wechselatmung (Seite 71) sind wichtige Übungen. Zum Einschlafen bietet sich das Übungsprogramm ab Seite 95 an.

Verspannt – Hals, Kiefer und Schultern

Wer sich zusammenreißt, Ärger oder Gefühle nicht herauslässt, spannt oft unbewusst die Kiefermuskeln an oder knirscht nachts mit den Zähnen. Die nicht verarbeiteten Probleme, Ängste oder Stress arbeiten nachts in uns weiter – anstatt die Probleme zu lösen, versuchen wir unbewusst, sie zu zermalmen und zu zerkleinern. Die Folgen: knackende, schmerzende Kiefergelenke, Verspannungen in den Wangen- und Kaumuskeln, im Hals und Nacken. Andere Menschen verpacken ihre Sorgen in einem Muskelpanzer, besonders im Bereich des Nackens und der Schultern. Dann schmerzen die Muskeln, der Rücken tut weh und Kopfschmerzen treten auf. Auch hier ist ruhiges, langsames Atmen ein Wundermittel gegen Stress und damit auch gegen Muskelverspannungen. Dehnungsübungen, wie sie ab Seite 50 beschrieben sind, verbinden den Atem mit Körperübungen zur Lockerung verspannter Muskulatur.

Schlafstörungen und Nervosität

Wer kennt das nicht – die Arbeit ist getan, die Küche aufgeräumt, die Kinder sind im Bett – und dennoch kann von Abschalten und Ausspannen nicht die Rede sein. Im Gegenteil, die Sorgen und Ängste, die uns tagsüber geplagt haben, begleiten uns ins Bett und hindern uns am Einschlafen. Seelische Unruhe, Nervosität und Konzentrationsschwierigkeiten können dann den Tag vermiesen. Für abends bietet sich das Entspannungsprogramm ab Seite 91 an, es hilft Ihnen abzuschalten. Gegen Konzentrationstiefs am Tag eignen sich die Übungen ab Seite 108.

Am besten ist es, möglichst früh einen Gang runterzuschalten und die Langsamkeit neu zu entdecken. Versuchen Sie es mit Langsamkeit beim Atmen, aber auch bei allem, was Sie tun. Teilen Sie sich die Zeit besser ein und gönnen Sie sich Zeiten der Muße. Das ist ein altmodisches Wort für eine hochaktuelle Sache: das zwecklose Tun. Zeiten der Muße sind enorm wertvoll und nicht zu vergleichen mit Entspannung am Fernseher oder bei einer der vielen Freizeitaktivitäten. Manfred Lütz, Psychiater und Theologe, sagte: „Muße ist völlig zwecklos, aber höchst sinnvoll verbrachte Zeit. Es ist die Zeit, in der wir wir selbst sein können, wo wir keine Rolle spielen, nichts herstellen müssen und die unwiederholbare Zeit unseres Lebens intensiv erleben können.“

Der Atem als Ausdruck der Seele

„Wo die Seele nicht atmen kann, ist auch der Körper unfrei“, sagte bereits Aristoteles. Und noch immer ist der Zusammenhang zwischen Atem und Psyche eines der spannendsten Geheimnisse. Im Volksmund existieren viele Redewendungen dazu: Es verschlägt einem den Atem, vor Schreck bleibt einem die Luft weg oder man macht seiner Wut Luft und lässt mal ordentlich Dampf ab. Wer den langen Atem hat, ist hartnäckiger als andere, nach einem anstrengenden Meeting muss man erst mal verschnaufen. Und manch eine Aussicht erscheint so schön, dass sie atemberaubend ist. Im Atem zeigen sich unsere Gefühle und Gedanken, er ist Ausdruck der seelischen und körperlichen Verfassung. Jedes Gefühl hat ein bestimmtes Atemmuster zur Folge bzw. drückt sich in einem bestimmten Atemmuster aus. Umgekehrt gilt das Gleiche:

wichtig

Sie können durch eine bestimmte Gestik, Mimik oder Körperhaltung Ihr Atemmuster und damit Ihre Gefühle, Ihre seelische Befindlichkeit verändern – darin liegt die einmalige Möglichkeit, die Gefühlswelt positiv zu beeinflussen.

Glück, Freude, Zufriedenheit, der Duft einer Blume, Überraschung erzeugen andere Atemmuster als Wut, Aggression, Sorgen, Ärger, Ängste, Enttäuschungen. Wenn wir uns freuen und nett überrascht werden, atmen wir auf. Jedes Wohlgefühl, jede bewusste Ruhepause, jeder positive Gedanke und jedes Lächeln vertieft den Atem und macht ihn gelöster, freier, weiter. Leider ist unser Alltag von vielen Ängsten geprägt. Werde ich meinen Job behalten? Komme ich finanziell über die Runden? Was wird mir die Zukunft bringen? Nachrichten, die uns heute von überall erreichen, belasten uns. Um uns abzulenken, schauen wir Actionfilme oder spielen rasante Computerspiele, die uns zusätzlich den Atem anhalten lassen. Wer sich überfordert fühlt, atmet schnell und flach, wer Angst hat, hält die Luft an. Schon negative Gedanken machen den Atem flach, kurz und oft flatterhaft.

Dem entspannten Atem folgt ein entspannter Geist

Aber Sie können auch über den Atem all diese Gefühle und Gedanken positiv beeinflussen. Indem Sie Ihren Atem in Ruhe beobachten, beruhigen sich der Geist und die Gefühle. Probieren Sie es aus: Verlängern Sie den Atem, atmen Sie tief und gleichmäßig – sofort verändern sich Ihre Gedanken und Gefühle. Sie werden ruhiger, das Gedankenkarussell dreht sich langsamer.

Ein weit schwingender Atem wirkt befreiend. Jetzt fletschen Sie die Zähne, ziehen Sie die Schultern hoch, spannen Sie alle Muskeln an und tun Sie so, als seien Sie wütend. Der Atem wird sich beschleunigen, flacher werden, und Sie selber werden sich nicht mehr entspannt und gelöst fühlen. Dann stellen Sie sich ein Lächeln vor und ziehen die Mundwinkel leicht nach oben. Denken Sie an etwas Schönes. Spüren Sie, wie der Atem ruhiger wird, sich vertieft? Sofortige Erleichterung und Entspannung können sich einstellen, wenn Sie wieder lernen, bewusst tief und langsam zu atmen. So kommen Sie zur Ruhe und können den Teufelskreis von Daueranspannung, Unausgeglichenheit, Konzentrationsstörungen und schneller Erschöpfbarkeit durchbrechen. In der Entspannung können Sie Energie speichern, die Sie in Stresssituationen abrufen können. Problematisch wird Stress nur, wenn keine Energie mehr da ist, weil es keine Atempausen gab. Tiefes Durchatmen macht in der Hetze des Alltags ausgeglichener, belastbarer und gelassener. Besonders die Ausatmung wirkt beruhigend und spannungslösend.

wichtig

Merken Sie sich diesen Schlüsselsatz – wenn Sie mögen, schreiben Sie Ihn auf und kleben den Zettel an eine Stelle, an der Sie ihn möglichst häufig sehen: Einem entspannten Körper folgt ein entspannter Atem. Einem entspannten Atem folgen ein entspannter Geist und ein gelöster Körper.

WISSEN

Macht der Gewohnheit

Wenn wir immer wieder die gleiche Erfahrung machen, etwa was eine rote Ampel bedeutet, dann werden die Verbindungen zwischen den Nervenzellen zu ausgetretenen Pfaden. Wir müssen dann nicht lange darüber nachdenken, wie wir z. B. auf die rote Ampel reagieren sollen: Blitzschnell sendet das Gehirn die Botschaft: „Vorsicht, Autos!" Alle Gewohnheiten wandeln auf diesen viel begangenen Pfaden, daher laufen sie oft ab, ohne dass wir uns dessen bewusst sind oder ohne dass wir sie so ohne Weiteres ablegen können.

Warum Veränderung möglich ist

Modernste Erkenntnisse von Neurobiologen bestätigen, was Psychologen wie C.G. Jung bereits wussten: Erfahrungen werden immer gleichzeitig auf der kognitiven, emotionalen und der körperlichen Ebene abgespeichert, also in Form von Denk-, Gefühls- und Körperreaktionsmustern. Die Wissenschaftler gehen davon aus, dass unsere neuronale Architektur, d. h. die Struktur in unserem Gehirn, bestimmt, was wir fühlen und denken und wer wir sind. Bereits mit der Geburt enthält das Gehirn seine komplette Zahl an Gehirnzellen, aber erst im Laufe der Zeit entstehen die vielen Verbindungen zwischen den Zellen, die Synapsen. Da laufend Informationen zum Gehirn transportiert werden – während wir lernen, Erfahrungen machen – entstehen immer neue synaptische Verbindungen. Jede Erfahrung verändert die Verbindungen zwischen den Nervenzellen, wenn sie bewusst erlebt wird und eindrücklich ist – oder oft genug wiederholt wurde. Der Gehirnforscher Gerald Hüther drückt dies so aus: „Mit jeder Wiederholung der Reaktion wird diese neuronale Verschaltung stärker gebahnt; schließlich wird aus dem Trampelpfad an Nervenzellen eine neuronale Autobahn." Wenn Sie eine Gewohnheit ablegen oder sich etwas Neues angewöhnen wollen, sind drei Dinge für die neue Nervenverschaltung nötig: Wiederholung, Wiederholung, Wiederholung. Dieser Prozess vollzieht sich ein Leben lang. Für den Atem bedeutet das: Auch wenn Sie sich im Laufe des Lebens eine schnelle, flache Art zu atmen angewöhnt haben, können Sie durch ein bisschen Übung zu Ihrem natürlichen tiefen Atemrhythmus zurückfinden. Veränderungen sind möglich. Indem Sie bewusst die Wirkung der langsamen, tiefen Atmung erleben und die Übungen regelmäßig wiederholen, schaffen Sie neue Verbindungen im Gehirn, neue „neuronale Autobahnen", die Ihnen helfen, schnell und mühelos in die Atem-Entspannung zu gleiten.

Das Gedächtnis im Körper

Neurobiologen haben es nachgewiesen: Jeder Gedanke ist mit einer Emotion gekoppelt, jede Emotion löst eine Körperreaktion aus. Nicht nur das Gehirn, auch alle anderen Organe mitsamt den Muskeln und dem Bindegewebe bewahren die Spuren früherer Erlebnisse auf. Wie ein Körpergedächtnis trägt der Körper die Spuren sämtlicher Lebenserfahrungen. Er speichert längst vergangene kindliche Verletzungen, positive wie negative Erfahrungen und entwickelt als Folge innere und äußere Haltungen – Prägungen, die zu Glaubens- und Lebensmustern werden. In der äußeren Haltung zeigt sich dies vor allem in den Muskeln, ganz besonders in angespannten Schulter-, Nacken- und Kiefermuskeln sowie einem angespannten, flachen Atem. Dieser zunächst sinnvolle Schutz vor neuen negativen Erfahrungen kann uns später von verletzten Wesensanteilen trennen, von unserem Selbst, von unserem eigentlichen Wesenskern. Die Seele, das Selbst, das „Eigentliche" wohnt im Körper und handelt durch ihn. Der Körper ist das Haus, in dem die Seele als Mieter wohnt. Jede seelische Regung hat eine körperliche Reaktion zur Folge und kommt im Körper zum Ausdruck. Über den Körper teilt uns die Seele mit, ob wir etwas nicht gut verarbeiten konnten. Frühe Verletzungen, die wir nicht verarbeitet haben, weil sie uns zu bedrohlich oder schmerzlich vorkamen, sind im Körper als Muskelpanzer eingefroren. Das behindert den Energiefluss und schränkt die Lebendigkeit ein, verringert das Körpergefühl und kann sogar zu Schmerzen führen.

Blockaden lösen

Aber was hat das mit Atem und Entspannung zu tun? Vielfach sind wir uns vergangener seelischer Verletzungen gar nicht mehr bewusst. Dennoch sind sie da, sind im Körpergedächtnis abgespeichert und verspannen die Muskeln, bis sie schmerzen. Dann muss das Körpergedächtnis „aufgetaut" werden. Das gelingt mit dem Atem, denn er durchdringt den gesamten Körper. Gezielte Körper- und Atem-Entspannungsübungen, mehr Bewusstheit und Achtsamkeit (Seite 58) dienen daher zwei Zwecken gleichzeitig: Sie lösen chronische Verspannungen ebenso wie seelische Blockaden; bei regelmäßiger Übung ändert sich sogar die Gehirnstruktur. Dehnbare Körperwände und eine neu gewonnene aufrechte Haltung bewirken eine ungehinderte Atembewegung, der Körper und seine Organe können mit der Atmung mitschwingen. Wir werden flexibler und gewinnen mehr Weite in unseren Handlungsspielräumen. Der Energiefluss kann pulsieren; wir kommen unserem „Selbst", unserem eigentlichen Kern, beträchtlich näher und gewinnen mehr Kraft und Vitalität.

WISSEN

Körperpsychotherapie

„In jedem Muskel steckt ein Gefühl", erkannte Wilhelm Reich (1897–1957), einer der wichtigsten Begründer der Körperpsychotherapie. Negative Erfahrungen führen schon bei Kindern zu einem Muskelpanzer, zu dauernd angespannten Muskelpartien. Reichs Erkenntnisse bestätigte in jüngster Vergangenheit der Neurobiologe Antonio Damasio an der Universität Iowa: „Die Seele atmet durch den Körper." Damasio ist überzeugt: Ein gutes Körpergefühl ist auch für die Seele heilsam.

Atemphysiologie – eine geregelte Sache

Einatmen, ausatmen – das klingt wie ein ganz einfacher Vorgang. Tatsächlich aber sind eine Reihe von Muskeln, Nerven und Organen an diesem Prozess beteiligt. Damit die Atmung funktioniert, müssen sie die wie die Spieler einer Mannschaft koordiniert zusammenarbeiten. Lernen Sie die Hauptakteure dieses Teams kennen.

Luft zum Leben

Die Einatmung versorgt den Körper mit Sauerstoff, mit der Ausatmung wird Kohlendioxid abgegeben. Diese zwei Prozesse sind für den Körper lebenswichtig: Ist nicht genügend Sauerstoff vorhanden, funktioniert der Stoffwechsel nicht, ist zu viel Kohlenstoff im Blut, kommt das einer Vergiftung gleich. Als Stoffwechsel bezeichnet man die Aufnahme, den Transport und die Umwandlung von Stoffen im Körper. Dabei entstehen Energie, die der Mensch zum Leben braucht, Körpersubstanz, wie z. B. Zellen, und Abfallprodukte, unter anderem das Kohlendioxid. Um diesen Prozess in Gang zu halten, braucht der Körper Nahrung, Wasser und Sauerstoff. Die meiste Energie und damit den meisten Sauerstoff verbraucht übrigens das Gehirn – daher kommt es schon nach drei Minuten ohne Sauerstoff zu Schäden. Beim Einatmen nehmen wir durch die Nase oder den Mund die Luft auf, die nur ca. 23 % Sauerstoff enthält – der Rest sind Stickstoff und einige Spurengase. Von der Nase nimmt die Luft ihren Weg an Kehlkopf und Stimmritzen vorbei durch die Luftröhre in die Lungen. Die Lunge besteht aus zwei Lungenflügeln, die wiederum in Lungenlappen unterteilt sind. Oben reichen die Lungenspitzen bis über das Schlüsselbein, unten liegen die Lungenlappen dem Zwerchfell auf. Die Luftwege der Lunge werden als Bronchien bezeichnet. Ausgehend von der Luftröhre verzweigen sie sich immer weiter – etwa 70 Quadratmeter misst die innere Oberfläche der Lungen! Die kleinen Gänge enden in Säckchen, den Lungenbläschen oder Alveolen. Erst hier findet der Gasaustausch statt: Sauerstoff tritt ins Blut über, Kohlendioxid verlässt das Blut. Letztere Aufgabe macht die Lungen zu einem Ausscheidungsorgan.

wichtig

Mit dem Einatmen nehmen wir nur einen Teil des Luftsauerstoffs auf – etwa 4 %. Und je flacher die Atmung, desto weniger Sauerstoff gelangt ins Blut, je tiefer – etwa in der Meditation oder beim Sport – desto mehr tritt über.

▶ Von der Nase zur Lunge: die Atemwege und Atemmuskeln.

Regelt den Rhythmus: das Atemzentrum

Der Mensch atmet in Ruhe durchschnittlich 16-mal pro Minute ein und aus. Bei körperlicher Anstrengung oder seelischer Aufregung erhöht sich die Zahl der Atemzüge. Gesteuert wird die Atmung vom Atemzentrum im verlängerten Rückenmark im Bereich des Genicks. Es ist der Atemregulator und arbeitet wie der Regler einer Heizungsanlage. Diese Schaltzentrale sorgt dafür, dass genügend Kohlendioxid abtransportiert und Sauerstoff aufgenommen wird. Dazu sammelt sie alle verfügbaren Informationen zum Thema „Atem“.

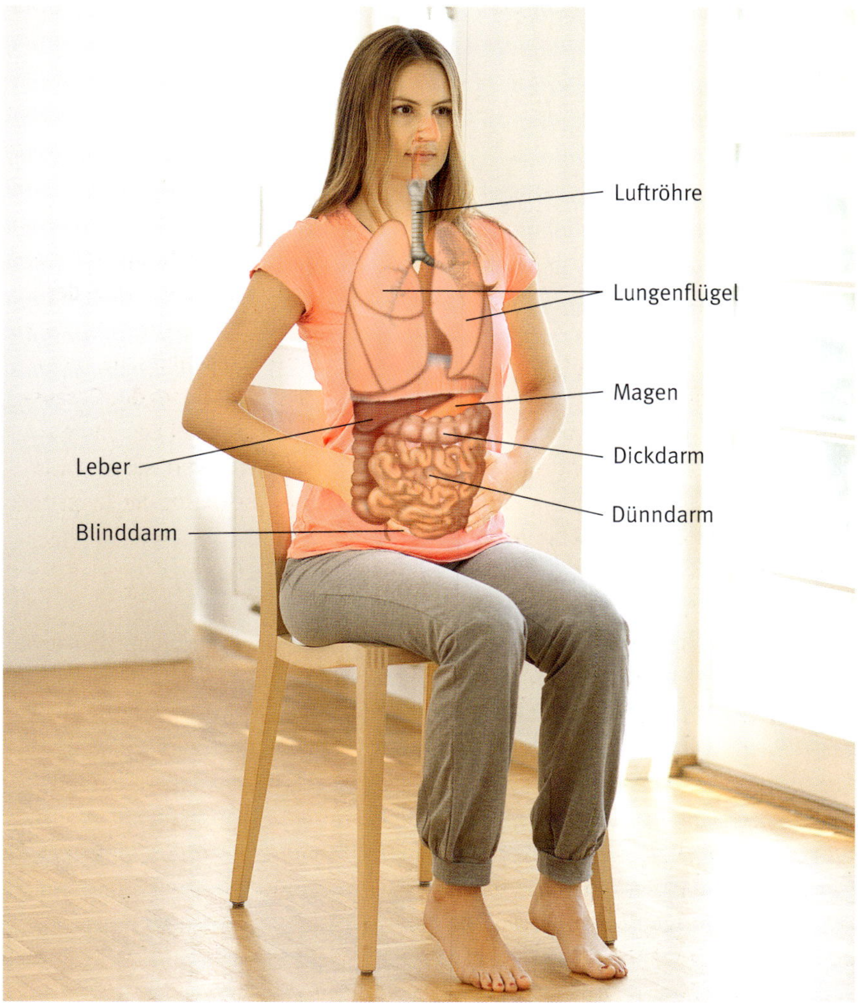

Leitprinzip ist der Kohlendioxidgehalt im Blut. Um ihn zu messen verfügt der Körper über Chemorezeptoren, das sind Sinneszellen, die auf Kohlendioxid reagieren. Enthält das Blut viel Kohlendioxid, sinkt der pH-Wert (das ist ein Maß für Säure), denn Kohlensäure entsteht und macht das Blut saurer. Auch diese Information sowie der Sauerstoffgehalt im Blut werden an das Atemzentrum gemeldet, ebenso der Dehnungszustand der Lunge.

Registriert das Atemzentrum zu viel Kohlendioxid, zu wenig Sauerstoff und einen zu niedrigen pH-Wert, z. B. bei einem Dauerlauf oder beim Treppensteigen, schickt es an die Einatemmuskeln einen Atemreiz. Dann erhöhen die Muskeln ihre Tätigkeit und ziehen sich vermehrt zusammen, um das Defizit an Sauerstoff wieder auszugleichen und mehr Kohlendioxid auszuatmen. Der Atem wird tiefer und schneller. Bei Gesunden entspricht die Atemintensität dem tatsächlichen Sauerstoffbedarf des Körpers – je nach Stoffwechselsituation, ob wir in Ruhe sind oder uns körperlich anstrengen, atmen wir langsam oder schnell, tief oder flach. Aber Stress, Atemwegserkrankungen, Herz-Kreislauf-Krankheiten, Alkohol oder Beruhigungsmittel können den Atemregler schädigen oder „verstellen“.

WISSEN

Gestresstes Atemzentrum

Bei Stress dreht der Regler im Atemzentrum auf die Stufe „Gefahr“ und beschleunigt die Atmung, sie wird flach und schnell – obwohl wir auf dem Bürostuhl sitzen und uns nicht körperlich bewegen. Bei Dauerstress wird das zur Gewohnheit – es findet ein negativer Lernprozess statt. Die Atmung bleibt im Gefahren- bzw. Stressbereich. Oft entsteht das Gefühl der Atemnot, obwohl die Lunge normal funktioniert. Auf Dauer kann dies zu chronischer Kurzatmigkeit, Beklemmungsgefühlen, Übersäuerung und zu schlechter Haltung führen. Wirken Sie diesem Prozess mit Atemübungen und Bewegung entgegen.

Heimliche Helfer: die Atemmuskeln

Eine Reihe von Muskeln arbeiten, wenn wir atmen. Der Hauptatemmuskel ist das Zwerchfell, es wird auch als Dirigent des Atemvorgangs bezeichnet. Das Zwerchfell trennt Brust- und Bauchraum voneinander und durchzieht die gesamte Körpermitte. Beide Lungenflügel und das Herz ruhen darauf. Das Zwerchfell ist an den ersten Lendenwirbeln, den unteren Rippen und am Brustbein befestigt. Wie eine Kuppel aus Sehnen und Muskeln wölbt es sich im ausgeatmeten Zustand nach oben. Bei der Einatmung zieht es sich zusammen, senkt sich ab in Richtung Bauchraum und wird horizontal nahezu eben. Dadurch kann sich die Lunge nach unten ausweiten. Im Zwerchfell befinden sich drei größere Öffnungen: für die Aorta, die Speiseröhre und die obere Hohlvene. Durch den Speiseröhrenschlitz verläuft auch der Vagusnerv, der die Tätigkeit fast aller Organe reguliert. Er wirkt u. a. beruhigend und regulierend auf die Herztätigkeit und die Atmung, wohingegen er die Verdauung fördert.

Außerdem zählen die Zwischenrippenmuskeln zu den Atemmuskeln. Wenn sie sich zusammenziehen, heben sich die Rippen etwas an. Dadurch kann die Lunge sich auch im mittleren Bereich ausdehnen, was die Einatmung unterstützt. Wenn Zwerchfell und Zwischenrippenmuskeln sich zusammenziehen, wird der Brustkorb erweitert. Die Lunge folgt der Bewegung des Brustkorbs passiv: Durch den entstehenden Unterdruck wird die Luft eingesaugt, und die Lunge weitet sich.

Neben diesen eigentlichen Atemmuskeln gibt es eine Reihe von Atemhilfsmuskeln, die an der Einatmung beteiligt sein können. Dies sind unter anderem der Sägezahnmuskel an den oberen Körperseiten, der Brustmuskel und der Kopfwender seitlich am Hals. Sie sind bei der Schulter- und Schlüsselbeinatmung aktiv, zu erkennen daran, dass sich Schultern und Schlüsselbein beim Atmen heben und senken. Sie tritt vor allem bei Atemnot durch Angst und Panikattacken oder bei anstrengender körperlicher Arbeit bzw. Bewegung auf. Beim normalen Atmen sollte die Atemhilfsmuskulatur nicht zum Einsatz kommen. Manche Menschen gebrauchen diese Muskeln allerdings dauernd, dann spricht man auch von „Stressatmung“.

Sorgt für tiefe Atmung: das Zwerchfell

Ist vor allem das Zwerchfell an der Einatmung beteiligt, spricht man von Bauchatmung – zu sehen am Heben und Senken der Bauchdecke. Bei der Brustatmung heben sich die Rippen mithilfe der äußeren Zwischenrippenmuskeln, wodurch der Brustraum sich vergrößert. Die Flankenatmung ist eine Mischform aus Bauch- und Brustatmung und sorgt für ein seitliches Belüften der Lunge. Brust-, Bauch- und Flankenatmung zusammen ergeben die Vollatmung. Bei der Vollatmung wird die ganze Luft von den unteren

PRAXIS

Atemmuskeln erspüren

Setzen Sie sich aufrecht auf einen Stuhl und legen Sie eine Hand auf den Bauch unterhalb des Bauchnabels und die andere auf das Brustbein. Atmen Sie zuerst zu Ihrer unteren Hand, dann zur oberen hin ein. Danach langsam durch den Mund ausatmen. So können Sie die Bauch- und Brustatmung erspüren.
Für die Flankenatmung legen Sie beide Hände seitlich an die unteren Rippen (Basisübungen, Seite 40).

Teilen bis zu den Lungenspitzen belüftet. Die Bauchatmung ist tiefer und effizienter als die Brustatmung. Das Zwerchfell bewegt etwa zwei Drittel der Atemluft, bei der flachen Atmung ist es dagegen kaum noch im Einsatz. Etwa 0,5 Liter Luft werden bei normaler Atmung im Ruhezustand ein- und ausgeatmet, bei flacher Atmung sind es nur 0,3 Liter. Beim natürlichen Atmen dominiert immer die Bauchatmung, sie ist uns bereits in die Wiege gelegt. Beobachten Sie ein Baby beim Atmen, sie werden sehen, wie sich das Bäuchlein hebt und senkt. Eigentlich ist der ganze Körper beim Atmen dabei. Erst im Laufe der Jahre, wenn Ängste, Sorgen und Belastungen zunehmen, gewinnt die Brustatmung die Oberhand. In Angstzuständen oder anhaltenden Stresszeiten überwiegt manchmal sogar die ineffektive Schulteratmung.

Was viele nicht wissen: An der tiefen Zwerchfellatmung ist der Beckenboden beteiligt. Wenn sich das Zwerchfell bei der Einatmung absenkt, entsteht ein sanfter Druck auf die inneren Organe, das Blut wird ausgepresst. Eine tiefe Atmung sorgt also nicht nur für viel Sauerstoff, sondern auch für eine Massage der Bauchorgane. Der Beckenboden ist dabei der Gegenspieler des Zwerchfells und fängt beim Einatmen die Druckwelle im Bauchraum ab. Beim Ausatmen wandert das Zwerchfell nach oben und übt einen kleinen Sog auf die untere Hohlvene und den Beckenboden aus. Beckenboden und Zwerchfell arbeiten also im Einklang zusammen. Leider ist der Beckenbodenmuskel bei vielen Menschen ebenso schlaff geworden wie das Zwerchfell und es rentiert sich, auch den Beckenboden durch Übungen zu trainieren.

wichtig

Um den Beckenboden zu schützen, sollten Sie jede Anstrengung (z. B. schwere Lasten hochheben) mit der Ausatmung verbinden: Einatmend gehen Sie in die Hocke, ausatmend heben Sie den Gegenstand auf.

Bewegungsmangel und eine schlaffe, eingesunkene Sitzhaltung behindern die Bewegung des Zwerchfells, wodurch die Brustatmung begünstigt wird. Brustatmung ihrerseits behindert ebenfalls die Zwerchfellatmung – sie nimmt ihr buchstäblich den Wind aus den Segeln. Das A und O einer tiefen, natürlichen Atmung ist daher ein aktives Zwerchfell.

Atemrhythmus – natürlich tief

Das Wort „Rhythmus" kommt aus dem Griechischen und umfasst die Bedeutungen „fließen" und „Gleichmaß". Gleich einem Leben spendenden Fluss sollte der Atem gleichmäßig und ruhig fließen. Wie Wellen im Meer: Das Wellental ist die Ausatmung, der Wellenberg die Einatmung, ruhig und gleichmäßig und ganz ohne Ihr Zutun.

Einatmung – Ausatmung – Atempause

Genau so sollte der Mensch ein Leben lang atmen. Der Atemrhythmus wird auch als Urrhythmus bezeichnet. Er ist, wenn wir ruhig und entspannt sind, dreiteilig: Einatmung – Ausatmung – Pause. Unter Anspannung oder Stress und natürlich bei körperlicher Anstrengung wird der Atemrhythmus zweiteilig – die Pause geht verloren. Daher liegt der Schwerpunkt beim Üben auf der Ausatemphase und der Ruhepause danach.

Der dreiteilige Rhythmus geschieht von allein, wenn Sie den Atem einfach kommen und gehen lassen und nach der Atempause warten, bis er von selber wieder einsetzt. Dies fällt am Anfang schwer, da wir gelernt haben, das Leben, den Körper, die Gefühle und damit auch den Atem unter Kontrolle zu haben. Lernen Sie, die Kontrolle über den Atem wieder loszulassen. Dann stellt sich der Urrhythmus des Atems wieder ein, und das bringt Freiheit, Leichtigkeit, Natürlichkeit und Gesundheit.

Die Einatmung geschieht von unten nach oben: Zuerst weitet sich der Bauchraum, dann die Brust. Ebenso die Ausatmung: Zuerst wird der Bauchraum enger (das Zwerchfell entspannt sich und tritt höher), dann der Brustraum. Der Atemvorgang sollte weich und ohne Kraftaufwand erfolgen. Die Luft nach der Einatmung längere Zeit mit Kraft anzuhalten kann die feinen Lungenbläschen überdehnen und schädigen. Ist das Lungengewebe überdehnt, verliert es seine Elastizität und kann sich folglich nicht mehr so weit zusammenziehen. Wichtig sind flexible Körperwände – ein starrer Brustkorb verhindert, dass sich die Lunge voll ausdehnen kann. Dehnungsatemübungen, wie Sie sie in diesem Buch finden (ab Seite 50), helfen, den Brustkorb elastisch zu halten oder zu machen.

Nur was leer wird, kann sich füllen

Das durchschnittliche Lungenvolumen eines Erwachsenen beträgt etwa 5–6 Liter. In Ruhe befinden sich allerdings nur etwa 2–3 Liter Luft in der Lunge. Mit jedem Atemzug tauschen wir nur etwa 0,5 Liter aus. Bei Anstrengung, sportlicher Betätigung oder bei Panik können zusätzlich 2–3 Liter eingeat-

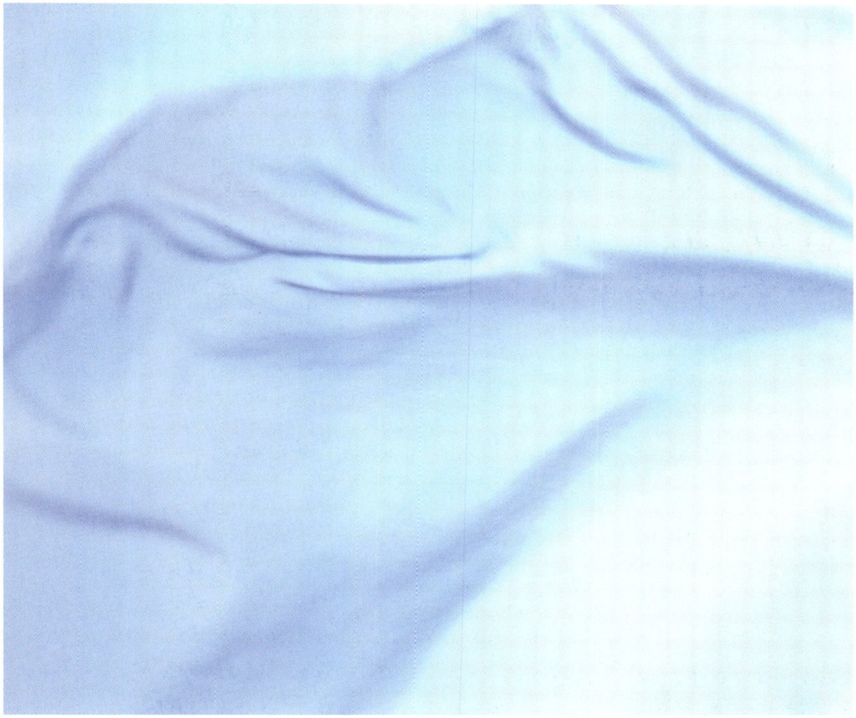

WISSEN

Aktiv – passiv

Die Einatmung geschieht aktiv, die Ausatmung passiv. Indem sich das Zwerchfell und die Atemhilfsmuskeln anspannen, wird Luft in die Lungen eingesogen. Die Lunge selbst besitzt keine Muskeln, sie „wird geatmet". Ihr Gewebe besteht aus elastischen Fasern, die sich wie ein Gummiband zusammenziehen wollen. Die Atemmuskeln kontrahieren, der Brustraum weitet sich und zieht die Lunge auseinander – Einatmung. Dann entspannen sich die Muskeln, der Brustraum wird kleiner, die Lunge kehrt in den Ausgangszustand zurück – Ausatmung. Die Ausatmung ist ein passiver Vorgang, bei dem die Rückstellkräfte der Lunge normalerweise ausreichen. Nur wenn wir willentlich die Luft aus den Lungen pressen, aktivieren wir die Bauchmuskeln. Diese Ausatemhilfsmuskeln werden auch bei Husten oder Atemnot (z. B. Asthma) eingesetzt.

met werden. Auch nach größtmöglicher Ausatmung verbleibt immer Restluft in der Lunge. Das ist einerseits gut so, denn ohne die Restluft würde sie in sich zusammenfallen. Außerdem vermischt sich die eingeatmete Luft mit der Restluft, wird dadurch angewärmt und bleibt in ihrer Luftzusammensetzung aus Sauerstoff und Kohlendioxid bei normaler Atmung mehr oder weniger konstant.

Meistens bleibt aber zu viel Restluft in der Lunge, weil die Ausatmung zu kurz ist. Vor allem das untere Viertel der Lunge bleibt mit verbrauchter, kohlendioxidreicher Luft gefüllt. Entsprechend kann weniger Sauerstoff aufgenommen und Kohlendioxid aus dem Blut abgegeben werden. Dadurch wird das Blut sauer, der pH-Wert sinkt. Nun beginnt ein Teufelskreis, denn: Das Atemzentrum registriert den erniedrigten pH-Wert und den geringen Sauerstoffgehalt und schickt den Befehl, vermehrt zu atmen. Der Atem wird schneller und – sofern wir nicht gerade einen Dauerlauf machen, sondern am Schreibtisch sitzen – flacher. Je flacher, desto mehr Restluft bleibt in der Lunge. Bei ganz flachem Atem schließlich findet kaum noch ein Gasaustausch statt, weil die Luft nur noch in den Atemwegen hin und her bewegt wird.

Eine tiefe Ausatmung bedeutet für den Körper eine gute Reinigung. Nur tiefes Ausatmen ermöglicht uns, fri-

PRAXIS

Selbsttest: Lungenvolumen

Wollen Sie wissen, wie groß Ihr Lungenvolumen ist? Sie können sich z. B. ein Lungenfunktionsmessgerät in der Apotheke besorgen. Die sogenannte Peak-Flow-Messung ist ganz einfach. Sie holen tief Luft, halten sie kurz an und blasen kräftig in das Gerät. Dann lesen Sie den Wert an der Skala ab. Aber es geht auch ohne Gerät: Zünden Sie eine Kerze an und stellen Sie sie etwa einen Meter weit vor sich auf. Wenn Sie es schaffen, die Kerze auszublasen, ist Ihre Lungenfunktion sehr gut. Auch bei einem von Abstand 50 cm können Sie zufrieden sein. Weniger als 50 cm deuten auf ein Trainingsdefizit hin. Oder Sie wählen die Luftballonmethode: Holen Sie tief Luft und blasen Sie einmal kräftig in den Ballon. Wie sieht Ihr Ballon jetzt aus? Eher schlaff oder eher straff? Sie können den aufgeblasenen Ballon in einen Eimer Wasser mit Literangabe halten, sodass der Ballon das Wasser steigen lässt. Der Pegelstand, nachdem Sie den Ballon unter Wasser gedrückt haben, minus den ursprünglichen Pegelstand ergibt ihr Lungenvolumen in Litern.

sche Luft und Sauerstoff einzuatmen. Es ist wie bei einem Gefäß: Nur in ein leeres Glas können Sie frisches Wasser hineingießen. Wollen Sie, dass ein größerer Anteil an Frischluft in den Lungenbläschen ankommt und in das Blut abgegeben wird, müssen Sie zuerst gründlich ausatmen und so viel verbrauchte Luft wie möglich abgeben.

Ausatmen heißt loslassen

Je höher die Atemfrequenz, also die Zahl der Atemzüge, ist, desto weniger Zeit bleibt für die Ausatmung, für die Aufnahme von Sauerstoff und die Abgabe des Kohlendioxids. Achten Sie bei einem tiefen, natürlichen Atem daher immer besonders auf die Ausatmung. Auch in der Atem-Entspannung kommt der Ausatmung eine besondere Bedeutung zu, denn beim Ausatmen entspannt der Mensch.

Dass ein tiefer, ruhiger Atem entspannend wirkt, zeigt sich auch am Zusammenhang zwischen Herzschlag und Atem, denn: Die Herzfrequenz ist an den Atem gekoppelt. Das Verhältnis in Ruhe beträgt etwa eins zu vier, d. h. bei 16 Atemzügen pro Minute erfolgen etwa 64 Herzschläge. Je flacher aber die Atmung ist, umso mehr Atemzüge müssen wir machen und umso schneller schlägt das Herz.

Eine schnelle Atmung beschleunigt den Herzschlag, was wir als Unruhe oder gar als Angst wahrnehmen. Und umgekehrt: Langsames, ruhiges Atmen verlangsamt den Herzschlag und senkt erhöhten Blutdruck.

Ausatmen heißt loslassen: physiologisch die Abfallstoffe unseres Körpers, geistig und psychisch alles Verbrauchte, Belastende, Angespannte. Ausatmung heißt frei werden, loslassen was war, was sich alles im Laufe der Zeit angesammelt hat. Das schafft Freiheit, Ausgeglichenheit, Gelassenheit.

In der Atempause, der kurzen Phase, die sich in Ruhe an die Ausatmung anschließt, geschieht gar nichts. Es ist ein Zustand des ruhigen, zufriedenen Abwartens und Zulassens, des Auslaufens des Atemstroms. Sie schenkt Geborgenheit und Wohlspannung. In der Atempause finden Sie zum inneren Gleichgewicht, zur Atemruhe zurück. Sie können, wenn Sie mögen, dabei an einen Fluss denken, der ins Meer fließt und sich langsam mit dem Wasser des Meeres vermischt.

Entspannung durch ätherische Öle

Die Nase ist zum Atmen da, aber sie hat noch eine weitere Aufgabe: Düfte und Gerüche wahrzunehmen und diese Information an das Gehirn weiterzuleiten. Machen Sie sich diese Eigenschaft zunutze, um Wohlgefühl und Entspannung leichter entstehen zu lassen. Die Aromatherapie lehrt, wie das funktioniert.

Die Aromatherapie verwendet ätherische Öle, um körperliche wie seelische Beeinträchtigungen zu behandeln. Diese natürlichen Düfte haben eine ganz besondere Auswirkung auf unsere Gefühlswelt und das Denken. Was passiert, wenn wir einen Duft wahrnehmen? Setzen sich Duftmoleküle auf die Riechschleimhaut in der oberen Nasenhöhle, so aktivieren sie einige der vielen Millionen Riechzellen. Die Riechzellen fungieren dabei als „Dolmetscher" und übersetzen das chemische Signal des Duftmoleküls in ein elektrisches Signal, also in die Sprache des Gehirns. Die elektrischen Signale werden als Nervenimpulse entlang des Riechnervs zum Gehirn weitergeleitet. Erst hier wird der Geruch bewusst wahrgenommen und mit Erfahrungen verglichen, die im Gehirn gespeichert sind. Und hier entsteht die Empfindung, die der Duft auslöst. All das findet im limbischen System, dem ältesten Teil unseres Gehirns, statt. Dieser Teil entstand in der Evolution lange vor dem Denkhirn. Daher ist etwas dran, wenn man sagt: „Düfte öffnen das Tor zur Seele."

Ätherische Ölewirken

Unwillkürlich ziehen wir Vergleiche, wenn wir etwas riechen, und unwillkürlich reagieren wir darauf: Wir lächeln, wenn ein Duft an unsere Kindheit erinnert, wir verziehen den Mund, wenn wir einen schlechten Geschmack assoziieren. Das Gehirn spricht schnell auf Riechreize an und bewirkt eine emotionale und körperliche Reaktion. Hormone werden ausgeschüttet, innere Organe angeregt oder besänftigt, Blutdruck und Herzschlag verändern sich, der Elan steigt oder ein Gefühl angenehmer Entspannung entsteht. Dass Düfte in hohem Maße unsere Stimmung und unser Wohlbefinden beeinflussen, haben Forschungsergebnisse eindeutig bewiesen.

- Rosenduft hilft, Gelerntes besser im Gedächtnis zu verankern, und ist gut gegen Depressionen.
- Lavendel hebt die Stimmung und entspannt; gut zum Einschlafen.
- Melisse, Baldrian, Hopfen und Johanniskraut bringen erholsamen Schlaf.
- Zimt, Thymian und Minze steigern Konzentration, Motivation, Aufmerksamkeit und Leistungsfähigkeit und bauen gleichzeitig Frust und Anspannung ab.
- Rosmarin fördert die Durchblutung, wirkt anregend und gegen Müdigkeit.
- Zitronendüfte hellen die Stimmung auf und verbessern die Konzentration.
- Eukalyptus und Minze machen den Kopf frei und helfen bei Erkältungen.

So geht's

Benutzen Sie nach eigenem Gutdünken Düfte, um die Stimmung zu verbessern, den Atem zu intensivieren oder sich einfach zu entspannen – ideal in Verbindung mit Atemübungen. Sie können dazu ein Duftlämpchen benutzen und ein paar Tropfen in das Wasser träufeln. Das Teelicht in der Duftlampe erwärmt das Wasser, sodass sich der Duft schneller und intensiver ausbreitet. Bei den genannten Ölen reichen ein bis drei Tropfen. Anstelle einer Duftlampe können Sie auch Duftsteine verwenden. Oder Sie geben beim nächsten Bad fünf bis zehn Tropfen in das Badewasser. In diesem Fall gelangen die Düfte nicht nur über die Nase, sondern auch über die Haut in den Organismus.

Für unterwegs eignet sich auch ein Taschentuch, auf das sie einige Tropfen Ihres Lieblingsöls geben, um entspannt daran zu schnuppern. Bei Erkältungskrankheiten hat es sich bewährt, einige Tropfen Eukalyptus oder Minze in eine Schüssel mit warmem Wasser zu geben. Beugen Sie den Kopf mit geschlossenen Augen über die Schüssel und legen Sie ein Handtuch über den Kopf. Dann den Duft tief inhalieren.

Atem und Gesundheit

Jeder Mensch profitiert von Atemübungen. Menschen mit Atemwegserkrankungen wie Asthma, chronische Bronchitis oder Herz-Kreislauf-Erkrankungen werden über den allgemein entspannenden Effekt hinaus auch eine positive Wirkung auf Ihre Gesundheit spüren. Auch bei Hyperventilation, der schnellen „Überatmung“, verschaffen Atemübungen Linderung.

Hyperventilation – der hektische Atem

Wörtlich übersetzt bedeutet Hyperventilation „Überbelüftung der Lungen“. Gemeint ist ein schnelles, vermehrtes Atemholen. Im Unterschied zur schnellen Atmung bei körperlicher Anstrengung besteht bei Hyperventilation ein Missverhältnis zwischen Atmungsaktivität und Sauerstoffbedarf. Liegt die Atemfrequenz normalerweise bei ca. 16 Atemzügen pro Minute, verdoppelt sie sich bei der Hyperventilation oder liegt noch deutlich höher. Körperliche und psychische Gründe kommen infrage. Fieber, Schilddrüsenüberfunktion oder Schädel-Hirn-Traumen können beispielsweise zu Hyperventilation führen. Häufiger jedoch wird sie durch Angst, Panik, Wut, Aggression oder Hektik verursacht. Auch Depressionen, Schmerzen, Schock oder unterdrückte Gefühle können die Auslöser sein.

Durch die schnelle flache Atmung wird meist zu viel Sauerstoff ein- und zu viel Kohlendioxid ausgeatmet. Da das Blut aber nur begrenzt Sauerstoff aufnehmen kann, kommt es zu einem Ungleichgewicht der Atemgase: Der Sauerstoffgehalt bleibt gleich oder steigt geringfügig, der Kohlendioxidgehalt sinkt deutlich ab. Damit wird das Blut weniger sauer, d. h. der pH-Wert steigt. Das hat Auswirkungen auf die Körperfunktionen: Während Herz und Muskeln gut durchblutet bleiben, ziehen sich die peripheren Gefäße zusammen, die Haut wird blass. Im Gehirn führt die Gefäßverengung zur Mangeldurchblutung, daher wird es den Betroffenen schwindelig und schwarz vor Augen – jeder, der schon einmal eine Luftmatratze aufgeblasen hat, kennt diesen Effekt.

Der hohe pH-Wert im Blut hat weitere Folgen: Sauerstoff kann schlechter an die Körperzellen abgegeben werden, und die Verteilung der Mineralien im Körper ändert sich ebenfalls. Es kommt zu übererregten Nerven, Muskelkrämpfen, vor allem an den Händen und Lippen, Kribbeln, Sehstörungen und Kopfschmerzen. Meist verstärken die körperlichen Symptome die Angst oder Panikattacke, die Atemlosigkeit wird als Luftnot missgedeutet, und es entsteht das Gefühl zu ersticken. Die Betroffenen reagieren mit weiterer Stressatmung: immer schneller und immer flacher.

Tiefenatmung statt Überbelüftung

Die beste Hilfe, um solche Attacken zu vermeiden, ist das Erlernen der langsamen Tiefenatmung zum Bauch hinab (Seite 41und 87). Bei tiefen, langsamen Atemzügen entspannen sich die Muskeln und der Blutdruck sinkt. Ganz besonders hilfreich ist das verlangsamte Ausatmen durch den Mund (Lippenbremse, Seite 30). Durch eine regelmäßige Entspannungspraxis finden Sie zu Ihrer inneren Ruhe zurück, können auf Stress- oder Angstsituationen gelassener reagieren und geraten nicht so schnell in Panik. Lernen Sie mit den Übungen in diesem Buch, wieder langsam zu atmen, den natürlichen Atemstrom wieder zuzulassen. Das hilft Ihnen, auch längerfristig in angespannten Situationen Hyperventilation zu kontrollieren und zu verhindern. Eine gute Hilfe für mehr Gelassenheit sind die Achtsamkeitsübungen ab Seite 58.

> **PRAXIS**
>
> **Schnelle Hilfe**
>
> Es ist nicht schwer, einen akuten Anfall zu bekämpfen: Indem Sie in eine Plastik- oder Papiertüte atmen, ein Taschentuch, den Ärmel oder die hohle Hand vor den Mund halten, atmen Sie das ausgeatmete Kohlendioxid wieder ein. Dadurch steigt die Konzentration im Blut und ein normales Verhältnis von Kohlendioxid zu Sauerstoff stellt sich ein. Die Beschwerden klingen dann schnell ab.

Bronchitis und Asthma – behinderter Atem

Die chronisch obstruktive Bronchitis ist eine dauerhafte (chronische) entzündliche Erkrankung der (überempfindlichen) Atemwege. Zigarettenrauchen gilt als Hauptursache, seltener sind Luftschadstoffe wie Staub oder chemische Dämpfe die Auslöser. Der obstruktiven chronischen Bronchitis geht meist als Vorstufe eine einfache chronische Bronchitis voraus. Nach und nach verengen sich jedoch die Bronchien (daher die Bezeichnung „obstruktiv"), und das Atmen fällt zunehmend schwerer. Die typischen Symptome sind Husten (Raucherhusten), Auswurf und Atemnot.

X

PRAXIS

Lippenbremse

Die Lippenbremse ist die wichtigste Atemtechnik bei Atemwegserkrankungen, sie hilft, verengte Bronchien zu weiten. Auch bei einem akuten Asthmaanfall und bei körperlichen Belastungen können Sie sie gewinnbringend einsetzen. Atmen Sie die Luft durch die Nase ein und durch die gespitzten Lippen langsam und kontrolliert aus – wenn Sie mögen auf „sch", „sss" oder „fff". Durch den Ausatemwiderstand entsteht ein Überdruck in den Atemwegen, die Bronchien weiten sich, und die Lunge kann sich besser der verbrauchten Luft entledigen.

Verursacht wird die Verengung durch das Anschwellen der entzündeten Schleimhaut. Eine erhöhte Schleimproduktion und eine Verkrampfung der glatten Bronchialmuskulatur machen das Atmen zusätzlich schwer.

Auch das Asthma bronchiale ist eine chronisch-entzündliche Lungenerkrankung, allerdings sind die Auslöser hier weitaus vielfältiger. Allergien, Infektionen, bestimmte Medikamente und Luftschadstoffe kommen unter anderem infrage. Zudem reagieren die Betroffenen oft auch auf psychische Belastung, körperliche Anstrengung oder kalte Luft mit einem Asthmaanfall. Asthma tritt oft schon im Kindesalter auf. Zur Atemnot kommt es „nur" beim akuten Asthmaanfall, hingegen besteht die Verengung der Luftwege bei der chronisch obstruktiven Bronchitis dauerhaft, die Atemnot setzt daher immer bei körperlicher Aktivität ein. Bei beiden Erkrankungen können Atemübungen helfen, die Symptome zu lindern (z. B. Lippenbremse, s. Kasten). Die Lippenbremse kann manchmal bei Asthmatikern sogar einen Anfall verhindern. Da die meisten Menschen mit Atemwegserkrankungen hoch atmen, also in Richtung Schlüsselbein und Schultern, ist die Bauchatmung hilfreich (Seite 41 und 87). Dehnungsübungen (ab Seite 50) halten die Körperwände für den Atem auch seitlich elastisch und weit.

Generell gilt für Atemwegserkrankungen: Lernen Sie, langsam und ruhig zu atmen, und legen Sie dabei das Hauptaugenmerk auf die Ausatmung. Hilfreich zum (Wieder-)Erlernen einer langsamen Atmung: Durch einen Strohhalm ganz langsam ausatmen.

X

PRAXIS

Leichter atmen

Im Zustand der Atemnot hilft eine atemerleichternde Stellung, wie z. B. der Kutschersitz (Oberkörper im Sitzen vorbeugen und die Ellenbogen auf den Beinen abstützen) oder die Torwartstellung (im Stehen die Knie etwas beugen, dann den Oberkörper leicht vorneigen und sich mit den Händen auf den Oberschenkeln oder einer Sofa- oder Stuhllehne abstützen). Außerdem sollten Sie versuchen, mehr in die Tiefe zum Bauch hinab zu atmen und dabei das Zwerchfell einzusetzen. Die Atemhilfsmuskeln verstärken oft das Gefühl der Atemnot.

Sie können auch durch einen breiteren Strohhalm oder ein dünnes Schlauchstück in ein Wasserglas blasen, sodass Bläschen entstehen. Wenn Sie die Sekunden zählen, werden Sie sehen, dass sich die Ausatmung weiter verlängert.

Tiefer Atem für Blutdruck und Herz

Bluthochdruck ist zur Volkskrankheit geworden – fast jeder vierte Deutsche ist davon betroffen. Stress, Übergewicht, Alkohol und Nikotin sind die häufigsten Ursachen. Zunächst besteht der Bluthochdruck meist, ohne dass die Betroffenen ihn bemerken. Erst später macht er sich durch Symptome wie Kurzatmigkeit und Luftnot, Kopfschmerzen, Ohrensausen oder Engegefühl in der Brust bemerkbar. Die gefürchteten Langzeitfolgen sind Schädigungen an Herz, Gehirn, Augen, und Nieren, im Extremfall bis hin zu Herzinfarkt und Schlaganfall.

Wie kommt es, dass Stress zu Bluthochdruck führt? Je größer z. B. die Aufregung, Anspannung oder Stress, umso mehr ziehen sich die kleinen Muskeln um die Arterien zusammen. Der Querschnitt der Blutgefäße verengt sich, der Druck steigt. Jetzt muss das Herz schneller und kräftiger schlagen, um das Blut gegen den erhöhten Widerstand durch den Körper zu pumpen. Da Herzfrequenz und Atmung gekoppelt sind, erhöht sich die Atemfrequenz (Seite 26). Über kurze Zeit hinweg ist das nicht schlimm, aber wenn die Aufregung, der Stress, die (innere oder äußere) Anspannung bestehen bleiben, bleiben auch die Gefäße verengt. Das heißt, der Blutdruck steigt und bleibt erhöht, das Herz muss dauernd Schwerstarbeit leisten. Und auch die Atemfrequenz nimmt dauerhaft zu, Kurzatmigkeit und Luftnot bei geringer Anstrengung sind die Folgen.

wichtig

Bei Ruhe und Entspannung weiten sich die Blutgefäße, der Blutdruck und die Atemfrequenz sinken. Es gilt: Je tiefer der Atem, desto tiefer der Blutdruck. Bluthochdruck können Sie daher durch langsame, tiefe Zwerchfellatmung zum Bauch hin günstig beeinflussen.

Wichtig ist es, die Bauchatmung zu üben (Seite 41 und 87). Aber auch Übungen, bei denen Sie summen oder tönen, verlängern den Atem (Seite 75). Wenn Sie sich aufregen oder in Hetze sind: Halten Sie einen Moment inne und atmen Sie ein paar Mal tief durch. Die Ausatmung verlängert sich. Nehmen Sie sich ab und zu fünf Minuten Zeit, sich bequem hinzusetzen und Ihrem Atem zum Bauch hinab zu folgen. Betonen Sie dabei die Ausatmung und stellen Sie sich vor, wie die Anspannung wegfließt oder negative Gedanken sich wie Seifenblasen auflösen. Ganz wichtig: Nicht den Atem anhalten oder pressen.

PRAXIS

Fantasie hilft

- Denken Sie ein paar Sekunden oder Minuten an ein entspanntes Tier, z. B. an einen schlafenden Bären. Stellen Sie sich vor, wie sein Bauch sich beim Ein- und Ausatmen bewegt.
- Atmen Sie tönend aus wie ein Bär („brummm …“) oder wie eine Biene („summm …“). Töne verlängern die Ausatmung und lösen Anspannungen von innen.
- Stellen Sie sich eine Situation vor, bei der Sie jubeln könnten vor Glück. Allein diese Vorstellung wird Ihren Atem vertiefen.

X

Selbsttest: Lernen Sie Ihren Atem kennen

Zu atmen ist eine Selbstverständlichkeit – daher schenken wir diesem Vorgang meist wenig Aufmerksamkeit. Erst wenn wir das Gefühl haben, nicht genug Luft zu bekommen, denken wir über den Atem nach. Dabei lohnt es sich, den eigenen Atem kennenzulernen.

Bestandsaufnahme: Wie atmen Sie?

Setzen Sie sich aufrecht auf einen Stuhl oder den Boden. Stellen Sie sich auf Entspannung ein, ohne „Haltung zu verlieren", d. h. sacken Sie nicht in sich zusammen. Der Rücken ist aufrecht oder gerade an eine Lehne gelehnt. Wenn Sie wollen, schließen Sie die Augen oder blicken auf einen Gegenstand (Blume, Kerze o.ä.), der etwa einen Meter vor Ihnen auf dem Boden steht. Lenken Sie Ihr Bewusstsein nach innen, beobachten Sie wie ein Zuschauer Ihren Atem und fragen Sie sich:

- Wie atmen Sie? Ist Ihr Atem schnell und hoch, ruhelos und angespannt oder eher tief und langsam, freudig und lebendig?
- Sind die Ein- und Ausatemphasen eher rhythmisch oder abgehackt?
- Haben Sie das Gefühl, dass Ihr Atem eher eingezwängt oder gelöst und frei schwingend ist?
- Haben Sie eher ein beklemmendes Gefühl beim Atmen oder ein weites?
- Legen Sie Ihre Hände nacheinander auf verschiedene Stellen Ihres Körpers: auf den Bauch, die seitlichen Rippen, den Rücken, und unter die Schlüsselbeine. In welchem Bereich können Sie den Atem am meisten erspüren? Wo gar nicht?
- Atmen Sie überwiegend in die Brust oder können Sie auch Atembewegung im Bauchbereich spüren?

Vielleicht konnten Sie feststellen, dass Ihre Bauchatmung kaum zu spüren ist, dafür mehr die Brustatmung. Bei allen Atem-Entspannungsübungen liegt der Schwerpunkt auf der Bauchatmung, denn sie vermittelt Ruhe und Entspannung. Durch das regelmäßige Üben werden Sie spüren, dass Ihnen diese tiefe Atmung immer leichter fallen wird. Haben Sie Geduld, erzwingen Sie nichts. Der natürliche Rhythmus wird sich automatisch mehr und mehr einstellen. Durch besondere Übungen können Sie außerdem Körperwände dehnen, die bisher angespannt waren, und dadurch Körperräume öffnen, die der Atem nicht durchdringen konnte. Atmen Sie mit Freude und seien Sie neugierig, was die Übungen in Ihnen bewirken werden.

So atmen Sie richtig

Bei der natürlichen Atmung arbeiten die Atemmuskeln (nicht die Atemhilfsmuskeln!) koordiniert zusammen, und alle Atemräume werden durchlüftet. Zunächst hebt sich der Bauch, und die unteren Rippen weiten sich. Grund: Das Zwerchfell senkt sich und macht den unteren Lungenanteilen Platz. Dann breitet sich die Atemwelle zum Brustkorb hin aus. Die äußeren Zwischenrippenmuskeln ziehen die Rippen wie eine Ziehharmonika auseinander, wodurch der Brustkorb nach vorne und zur Seite weit wird. Die Lunge folgt der Brustkorbbewegung passiv und weitet sich nun im mittleren und oberen Bereich. Diese Atembewegung setzt sich bis in die Lungenspitzen unter den Schlüsselbeinen fort.
Sie können die Atemwelle mit Ihren Händen erspüren, indem Sie sie zuerst auf den Bauch, dann an die Seiten legen, dann etwas nach hinten an den Rücken und anschließend unter die Schlüsselbeine. Folgen Sie mir Ihren Händen der Atembewegung und nehmen Sie sie bewusst wahr. Wenn Sie den Atem in einigen Bereichen noch nicht spüren, dann wünschen Sie sich den Atem dorthin.
Beim Ausatmen können Sie ebenfalls mit den Händen erspüren, wie sich zuerst der Bauch und die unteren Seiten, dann die Lenden verengen. Dann legen Sie die Hände auf den Brustkorb und spüren, wie auch der Brustkorb sich senkt.
Sollten Sie im Bauchbereich keine Atembewegung verspüren, machen Sie einige Zwerchfellatemübungen, z. B. die Wechselatmung (s. Seite 71) oder das

◀ Mit Ihren Händen erspüren Sie die Atemwelle.

Einschnuppern der Luft (Seite 74). Manche Menschen ziehen den Bauch ein beim Einatmen. Das nennt man „paradoxe Atmung". Meist ist das mit einer hohen Atemfrequenz gekoppelt. Achten Sie immer wieder darauf, dass der Bauch unter Ihren Händen beim Einatmen weit und beim Ausatmen wieder enger wird (später geht es auch ohne Hände). Wenn Sie in den Seiten bzw. Flanken keine Atembewegung erspüren, sollten Sie die seitlichen Dehnungsatemübungen üben (Seite 51). Beobachten Sie auch die Zeit, die Sie zwischen der Ein- und Ausatmung brauchen. Nehmen Sie sich bewusst viel Zeit für das Ausatmen.

Entspannte Schultern

Am wenigsten wichtig ist die Schlüsselbeinatmung, denn sie ist ohnehin bei den meisten Menschen ausgeprägt, obwohl sie wenig Atemraum bietet. Grundsätzlich ist es falsch, beim Einatmen die Schultern hochzuziehen. Viele Menschen haben sich das angewöhnt, dabei kostet es unnötige Muskelarbeit, ohne den Lungenraum zu erweitern. Stellen Sie sich vor einen Spiegel und beobachten Sie Ihre Schultern beim Atmen. Konzentrieren Sie sich dann darauf, sie beim Einatmen nach unten zu ziehen. Legen Sie zwei kleine Bohnen- oder Erbsensäckchen auf die Schultern, das hilft, die Schultern ruhig zu halten.

Atempausen genießen

Das Gefühl für eine gehaltvolle, lange Ausatmung ist den meisten Menschen verlorengegangen. Durch Beobachten und Konzentration können Sie es wieder erwecken. Können Sie nun die Atembewegung wie eine weiche Welle empfinden? Die Einatmung, nachdem sich Bauch und Brustkorb geweitet haben, sollte weich in die Ausatmung übergehen: wie eine Welle, die ihren höchsten Punkt erreicht und dann sanft in das Wellental hinabsinkt.

Entspannt durchatmen

Verbinden Sie sich mit Ihrem Atem, dann können Sie überall entspannen – ob zu Hause, am Arbeitsplatz oder im Auto. Leichte Körperübungen lassen Sie beweglicher, mentale Übungen gelassener werden. So fühlen Sie sich rundum wohl.

Das Einmaleins der Atem-Entspannung

Entspannt zu atmen ist eine Kunst, die Sie erlernen können. Das Handwerkszeug dazu finden Sie in den folgenden Kapiteln. Machen Sie sich mit den Grundprinzipien der Atem-Entspannung vertraut, bevor Sie mit den einzelnen Übungen starten. So wird Ihre Atempraxis zum vollen Erfolg.

Wegweiser zur entspannenden Atempraxis

Die Atem-Entspannung ist eine besondere Entspannungsmethode, sie zu erlernen wird Ihnen leichter fallen als bei anderen Entspannungsmethoden. Denn das tiefe, ruhige Atmen ist uns in die Wiege gelegt – wir haben es nur verlernt. Mit dem Selbsttest auf Seite 32 haben Sie Ihren Atem bereits kennengelernt. Beginnen Sie nun mit den Basisübungen, um die verschiedenen Atemräume weiter zu erforschen.

wichtig

Ziel der Atem-Entspannung ist es, den eigenen natürlichen Atemrhythmus wiederzufinden und alle Atemräume zu nutzen. Der tiefe und weite Atem ist der größte Lebensquell und die Kraft in uns.

Zunächst ist es hilfreich, mit den Basisübungen die verschiedenen Atemarten kennenzulernen, um sie dann zum tiefen Vollatem zu verbinden (Seite 40). Die wichtigste Atemart ist die Bauch- bzw. Zwerchfellatmung. Es folgen Brust-, seitliche Flanken- und die Rückenatmung. Die hohe Schlüsselbeinatmung ist nicht so wichtig – diese Atmung ist bei den meisten Menschen ohnehin zu sehr ausgeprägt.

Nachdem Sie den Atem in den verschiedenen Atemräume kennengelernt haben, ist es hilfreich, die Körperwände mit Dehnübungen zu dehnen, den Brustkorb beweglich zu machen und eine gesunde Elastizität zu erarbeiten (Seite 50). So kann sich der Atem richtig ausbreiten, und die volle Lungenkapazität wird ausgeschöpft. Muskelverspannungen lösen sich, der Körper wird dehnbar und geschmeidig. Seien Sie neugierig, wo Sie den Atem spüren können. Beide, Basis- und Dehnübungen, führen zu einem neuen, erweiterten Körperbewusstsein.

Achtsamkeit bildet die Grundlage für jegliche Entspannung. Mit Achtsamkeit kommen Sie zur Ruhe, bleiben geistig frisch und im „Jetzt“. Achtsamkeit ist auch die Grundlage für die Atem-Entspannung. Daher finden Sie im Anschluss an die Dehnübungen ein Kapitel zu diesem Thema (Seite 58). Es gibt verschiedene Möglichkeiten, Achtsamkeit zu üben, die gängigsten sind die Achtsamkeitsmeditation und das meditative Gehen. Auch ein Spaziergang an der frischen Luft ist eine gute

PRAXIS

Programme für den Alltag

Den Abschluss des Buches bilden die Entspannungsprogramme zu verschiedenen Themen und Situationen des Alltags (Seite 81). Manche Menschen tun sich schwer, mit Sitz- oder Gehmeditation Achtsamkeit zu entwickeln. Ihnen fällt es leichter, in der Bewegung und mit verschiedenen Übungen zur Ruhe zu kommen. In dem Fall hilft es, sich über die Übungsprogramme dem Thema Konzentration und Achtsamkeit zu nähern.

Gelegenheit, ebenso viele andere Tätigkeiten des Alltags. Es ist nicht wichtig, wie Sie Achtsamkeit praktizieren – ob in Ruhe oder in Bewegung. Wichtig ist, dass Sie das, was Sie tun, mit Hingabe und voller Achtsamkeit tun.

Im Kapitel Atem-Variationen (Seite 70) finden Sie eine Reihe „natürlicher" Atemübungen: gähnen, seufzen, lachen, tönen, schnuppern oder pusten – immer sind die Atemmuskeln, allen voran das Zwerchfell, in Aktion. Diese Übungen können Sie nach den Basis- und Dehnungsübungen ausprobieren und sie immer wieder im Alltag einfließen lassen. Sie vertiefen den Atem auf natürliche Weise und bringen Ihnen den Atem spielerisch näher.

So werden Sie zum Atemprofi

Entspannung funktioniert durch Loslassen, nicht durch Machen und Kontrolle. Dennoch hilft eine gewisse Beharrlichkeit, um ein „Atem-Entspannungsprofi“ zu werden. Den ersten Schritt haben Sie bereits getan: Sie haben sich entschlossen, etwas in Ihrem Leben zu verändern, und haben sich dieses Buch gekauft. Lassen Sie Ihren inneren Schweinehund jetzt nicht die Oberhand gewinnen. Der Burnout-Experte Peter Buchenau sagt: „Wir wissen eigentlich, was uns gut tut, machen es aber nicht. Kognitive Dissonanz nennen das die Fachleute. Wir denken gerne schlau, handeln dann aber blöd. Der innere Schweinehund lässt grüßen!“

Deshalb: Üben Sie die Atem-Entspannung in den ersten Wochen sehr regelmäßig, wenn möglich fast jeden Tag, am besten 10–20 Minuten (nach oben hin sind keine Grenzen gesetzt). Nach einiger Zeit können Sie dann auch mit wenigen tiefen Atemzügen die wohltuende Entspannungsreaktion abrufen.

wichtig

In der Atem-Entspannung erleben Sie etwas Einmaliges: den scheinbaren Gegensatz von totaler Ruhe bei gleichzeitig erhöhter Bewusstheit. Das ist genau das, was dem heutigen Mensch am meisten fehlt.

Gut ausgerüstet

Zu enge Kleidung kann den tiefen Atem beeinträchtigen. Deshalb ist es günstig, wenn Sie beim Üben eher lockere Kleidung tragen. Dies gilt natürlich nicht für Zwischendurchübungen im Büro. Die beste Zeit zum Üben ist der Morgen, bevor der Alltag beginnt. Aber auch die Abendstunden sind geeignet, wenn Sie nach der Arbeit zur Ruhe kommen wollen. Viele üben in der Mittagspause, um danach gestärkt wieder an die Arbeit zu gehen. Die meisten Übungen funktionieren ohne Hilfsmittel, sodass Sie sie überall ausführen können. Zu manchen Übungen ist eine Decke oder Matte vorteilhaft, bei anderen brauchen Sie ein Handtuch oder einen weichen Ball.

Richten Sie sich am besten einen Platz ein, wo Sie sich bewusst der Entspannung hingeben wollen. Das kann eine Ecke in einem Zimmer sein oder im Garten. Wenn Sie diesen Ort immer wieder aufsuchen, schaltet das Gehirn dort irgendwann fast von allein auf „Entspannung“ um.

Grundlegendes für die Praxis

Die günstigste Haltung ist das aufrechte Sitzen, entweder auf einem Stuhl, im Schneidersitz oder Fersensitz – es sei denn, in den Anleitungen ist eine andere Haltung angegeben. Auch ein Lehnstuhl oder Schreibtischstuhl mit Rückenlehne ist manchmal geeignet. Sogar Liegen ist möglich, wenn Sie nicht zu müde sind – Sie wollen beim Üben ja nicht einschlafen. Körper und Seele kommen zur Ruhe, aber der Geist ist wach, außer wenn Sie die Übungen gezielt als Einschlafhilfe nutzen wollen.

- Ziehen Sie beim Einatmen nie die Schultern hoch, denn das geht immer auf Kosten der Zwerchfellatmung.
- Halten Sie nie den Atem an und pressen oder forcieren Sie ihn nicht.
- Die Atembewegung gleicht immer einer gleichmäßigen Atemwelle.
- Der Atem soll weich fließen und die Körperräume ohne Zwang und ohne Ihr Zutun weiten.
- In der Atem-Entspannung sind die Ausatmung und die kleine Atempause danach die wichtigsten Phasen. Lassen Sie dem Atem Zeit auszuströmen und lassen Sie Anspannungen los.
- Die Ausatmung ist bedeutend länger als die Einatmung. Nach der Atempause setzt die Einatmung ganz von selbst ein.
- Sie können sich bei der Ausatmung das Auslaufen einer Meereswelle zum Strand hin vorstellen.
- Genießen Sie die Atempause und warten Sie einfach ab, die Einatmung folgt von allein.

WISSEN

Nasenatmung

Durch die Nase zu atmen hat viele Vorteile:

- Die Nase reinigt die Luft von Staub.
- Sie filtert Viren und Bakterien heraus.
- Sie feuchtet die Luft durch Abgabe von Schleim an.
- Sie wärmt die Luft vor, sodass sie temperiert in die Lunge gelangt.
- Die Nasenatmung aktiviert das Zwerchfell.

- Wünschen Sie sich etwas beim Atmen: abwarten können, offen sein, in sich hineinhorchen, loslassen, Ruhe spüren …
- Wiederholen Sie eine Übung nach eigenem Gutdünken zwei-, vier-, sechs- oder gar achtmal.
- Spüren Sie nach jeder Übung nach. Besonders in dieser Zeit des Nachspürens werden sich Entspannung und Weite einstellen.

wichtig

Qualität vor Quantität: Üben Sie lieber eine Übung drei Minuten lang als fünf Übungen in derselben Zeit. Legen Sie Wert auf die Nachspürphase.

Immer der Nase nach

Bei allen Atemübungen atmen Sie immer durch die Nase ein. Die Ausatmung kann ebenfalls durch die Nase geschehen, aber zu Beginn Ihres Übens ist es empfehlenswert, die Luft langsam durch den Mund ausströmen zu lassen (z. B. auf schsch…, sss… , pfff…oder als ob Sie eine Kerze ausblasen), wie bei der Lippenbremse auf Seite 30 beschrieben. Dadurch können Sie den Atemstrom besser wahrnehmen und länger ausatmen. Sie können dann, wenn es Ihnen angenehmer ist, jederzeit auf die Nasenatmung umschalten.

Jede Nasenseite steht mit der jeweils gegenüberliegenden Gehirnseite in Verbindung. Atmen durch das rechte Nasenloch aktiviert die linke Gehirnhälfte; atmen durch das linke Nasenloch stimuliert die rechte Gehirnhälfte. Wissenschaftliche Untersuchungen ergaben, dass bei vermehrter Atmung durch das rechte Nasenloch die Körperfunktionen eher angeregt werden. Wenn das linke Nasenloch über längere Zeit begünstigt wird, führt dies eher zu einer Beruhigung der Körperfunktionen. Das gleichmäßige Atmen durch beide Nasenlöcher schafft ein Gleichgewicht zwischen beiden Gehirnhälften und wirkt beruhigend für Körper und Geist.

Laut Yogalehre verlaufen in unserem Körper Energieströme über eine Vielzahl von Energiekanälen. Es gibt zwei Kanäle, die sich um den Hauptkanal (im Rückenmark) herumschlängeln: Ida und Pingala. Sie beginnen am Steißbein, und ihr Ausgang befindet sich in den Nasenlöchern. Ida strömt auf der linken Seite und steht für Ruhe, kreatives Arbeiten, Intuition, Emotionalität. Pingala fließt rechts und steht für dynamische, aktive Energie.

Basisübungen: die Atemräume entdecken

Lernen Sie die Atemräume kennen. Lassen Sie den Atem in den Bauch, in die Seiten, die Brust und den Rücken fließen – wenn Sie genau hinspüren, werden Sie erstaunt sein, wo im Körper Sie die Atemwelle entdecken können.

Die Basisübungen sind Ihre grundlegenden Übungen, sie helfen, den Atem in allen Atemräumen zu erspüren. Anfangs sollten Sie diese Übung oft machen, damit Sie ein gutes Körpergefühl für die verschiedenen Atemregionen entwickeln und eventuell brachliegende Atemmuskeln kräftigen (vor allem das Zwerchfell). Je sicherer Sie mit diesen Übungen werden, desto mehr bieten sich dann auch andere Atembewegungsübungen und Achtsamkeitsübungen an. Aber legen Sie die Basisübungen nie ganz zur Seite, sie bleiben für Ihre Atempraxis immer wichtig. Die Übungen können Sie im Sitzen oder Liegen durchführen.

In die Tiefe: Bauchatmung

Dies ist eine Grundübung in der Atem-Entspannung. Sie können sie überall durchführen, zu Hause auf dem Esszimmerstuhl, im Büro auf dem Schreibtischstuhl, im Bus oder Zug oder sonst irgendwo. Zu Hause funktioniert das auch gut in Rückenlage – auf dem Boden, im Bett oder auf dem Sofa. Besonders empfehlenswert ist die Stufenlagerung, bei der Sie auf dem Boden liegen und die Unterschenkel auf einen Hocker oder Stuhl legen. So liegt der Rücken gut auf – ideal auch bei Rückenproblemen.

Setzen Sie sich aufrecht auf einen Stuhl oder lehnen Sie sich mit geradem Rücken an. Legen Sie beide Hände auf den Bauch, sodass sich Zeige- und Mittelfinger unterhalb des Bauchnabels berühren, und erspüren Sie Ihre Bauchatmung. Die Schultern nicht hochziehen! Konzentrieren Sie sich ganz auf das Gefühl unter Ihren Händen. Wie fühlen sich Ihre Hände an?

Lassen sie den Atem ganz natürlich kommen und gehen und erspüren Sie ganz ungezwungen das Weitwerden unter Ihren Händen beim Einatmen und das Zurücksinken der Bauchdecke beim Ausatmen. Beobachten Sie für zwei bis drei Minuten (oder länger) diese sanfte Wellenbewegung und lassen Sie sie einfach geschehen.

PRAXIS

Liebevoll lenken

Möglicherweise können Sie am Anfang Ihres Übens kaum eine Atembewegung unter Ihren Händen im Bauchbereich fühlen. Viele Menschen haben diese Tiefenatmung verlernt und können nur noch in den Brustkorb hoch atmen. Üben Sie dann diese Übung besonders oft, aber ohne Druck und Zwang. Mit der Zeit wird der Atem durch das entspannte und bewusste Üben ganz von allein wieder in die Tiefe fließen. Nehmen Sie sich die Zeit und freuen Sie sich über die kleinste Atembewegung in diesem Bereich. Wenn es Ihnen gar nicht gelingen will, fassen Sie eine Bauchfalte mit Daumen und Fingerkuppen beider Hände und ziehen Sie sie beim Einatmen nach außen; beim Ausatmen lassen Sie die Falte los. Stellen Sie sich dabei vor, wie Sie in den Bauch atmen.

Die Seiten dehnen: Flankenatmung

Legen Sie Ihre Hände seitlich auf die unteren Rippenbögen, ohne die Schultern hochzuziehen. Richten Sie Ihre Aufmerksamkeit auf den natürlichen Atem. Lassen Sie ihn frei und ungezwungen fließen und erspüren Sie die Atembewegung unter Ihren Händen. Spüren Sie, wie der Atem ganz von allein in die Rumpfseiten fließt, wie die Rippen sich beim Einatmen weiten und beim Ausatmen wieder weich zurückschwingen. Will Ihnen die Flankenatmung nicht gelingen, probieren Sie es einmal in der Halbmondlage (Seite 51).

Bis in die Lungenspitzen: Brustatmung

Legen Sie jetzt Ihre Hände unter die Schlüsselbeine und erspüren Sie auch hier den Atem unter Ihren Händen. Wahrscheinlich fällt Ihnen diese Atemart am leichtesten, dann brauchen Sie sie nicht lange und oft zu üben. Achten Sie darauf, dass Sie die Schultern nicht hochziehen.

Nach hinten: Rückenatmung

Setzen Sie sich auf die Kante eines Stuhls. Beugen Sie den Oberkörper nach vorne, legen Sie die Ellenbogen auf die Knie und lassen Sie den Kopf schwer hängen. Machen Sie den Rücken rund. Diese Haltung nennt sich auch Kutschersitz. Konzentrieren Sie sich nun auf Ihren Rücken und lassen Sie den Atem fließen. Sie werden schnell feststellen, dass der Atem in den Rücken strömt, ihn beim Einatmen weitet und beim Ausatmen enger werden lässt. Ideal ist diese Übung auch bei Rückenschmerzen, denn die Rückenmuskeln werden gedehnt, entspannt und beatmet.

Sie können sich für diese Übung auch auf den Boden setzen und die Beine aufstellen. Dann beugen Sie den Oberkörper vor und legen ihn entspannt auf den Oberschenkeln ab. Die Arme hängen locker auf den Unterschenkeln, den Kopf lassen sie auf oder zwischen den Knien ruhen. Wenn Sie keine Knieprobleme haben, können Sie sich auch in den Fersensitz begeben und die Übung wie auf Seite 56 beschrieben durchführen.

In alle Atemräume: Vollatmung

Konzentrieren Sie sich nun auf alle Atemräume und füllen Sie sie mit dem Vollatem. Legen Sie dazu die Hände im Sitzen gelöst auf die Oberschenkel oder legen Sie die Arme im Liegen entspannt neben Ihren Körper. Beobachten Sie Ihren Atem, wie er zuerst den Bauch, dann die Flanken und die oberen Rippen weitet. Beim Ausatmen schwingen Bauch, Flanken und Brustkorb wieder zurück und werden enger. Nehmen Sie sich genügend Zeit für die Ausatmung. Sie können diese Übung drei Minuten ausführen, aber auch 20 Minuten; je nachdem, wie viel Zeit Sie gerade zur Verfügung haben.

Lassen Sie bei dieser Übung zuerst ein sanftes Lächeln auf Ihrem Gesicht entstehen und erspüren Sie dann wohlwollend die Atembewegung von unten nach oben. Lassen sie sich für das Ausatmen alle Zeit der Welt, damit Sie möglichst viel Restluft ausatmen.

Der Ballon: Vollatmung und Entspannung

Legen Sie sich bequem auf den Boden oder setzen Sie sich aufrecht oder an eine Stuhllehne gelehnt auf einen Stuhl. Lauschen Sie Ihrem Atem. Lassen Sie ihn kommen und gehen, wie es ihm beliebt, ohne Druck, ohne Zwang oder Beeinflussung. Jede Einatmung geht weich wie eine Welle in die Ausatmung über. Lassen Sie dem Atem die Zeit, die er benötigt, um ganz auszuströmen.

Stellen sie sich nun Ihren Körper wie einen riesengroßen Ballon vor. Stellen Sie sich vor, wie er sich vom Bauch her füllt, bis in die Zehenspitzen und Fingerspitzen. Wenn der Impuls zum Ausatmen kommt, lassen Sie die Luft wieder langsam entweichen und nehmen wahr, wie der ganze Körper leer wird. Stellen Sie sich bildlich vor, wie der Körper leerer und leerer wird, schlanker und schlanker. Alles Belastende verlässt den Körper.

Wie eine Welle: die Atembewegung

Nachdem Sie die verschiedenen Atemräume kennengelernt haben, probieren Sie diese Grundübung der Atem-Entspannung aus. Setzen Sie sich dafür aufrecht auf einen Stuhl oder auf den Boden (Schneidersitz, Fersensitz). Oder Sie setzen sich auf einem Lehn-, Schaukel- oder Schreibtischstuhl ganz zurück und lehnen sich an. Wenn Sie wollen, schließen Sie die Augen und legen Ihre Hände auf den Bauch oder mit der Handfläche nach oben auf die Oberschenkel. Fühlen Sie sich vom Stuhl oder Boden getragen.

Beobachten Sie Ihren Atem. Lassen Sie ihn ohne Zwang durch Ihren Körper ziehen; überlassen Sie sich seinem natürlichen Rhythmus. Der Atem kommt und geht ganz von allein, ohne Ihr Zutun. Wo bewegen sich die Körperwände? In welchem Bereich können Sie am meisten Atembewegung erfühlen? Können Sie spüren, wie Bauch und Taille beim Einatmen weiter und beim Ausatmen wieder enger werden?

Heilsame Atemwelle

Spüren Sie, dass diese Bewegung einer Welle im Meer gleicht? Lassen Sie die Atemwelle von Ihrem Körpermittelpunkt aus durch den ganzen Körper ziehen; bis zu Ihren Zehenspitzen, Fingerspitzen und bis zum Scheitel

und den Gehirnzellen. Nehmen Sie die Atemwelle wahr: ihr gewaltloses, weiches Entstehen, das Werden, ihre Höhe und schließlich ihr langsames, fließendes Absinken in das Wellental, ihr Vergehen und langsames Auslaufen. Wenden Sie Ihre ganze Aufmerksamkeit Ihrem Atem zu und lassen Sie mögliche Gedanken vorbeiziehen wie Wolken oder wie Blätter im Wind.

Fühlen Sie sich von Ihrer Atemwelle getragen. Erspüren Sie diesen kostbaren Lebensfluss in sich und geben Sie sich diesem Auf und Ab der Welle ganz hin. Spüren Sie, wie es in Ihnen atmet und gestatten Sie der Atemwelle, sich weit auszubreiten. Sie strömt durch jedes Gewebe, jede Zelle, wie ein lebensspendender Fluss. Spüren Sie, wie der Körper auflebt. Ruhe und Gelassenheit breiten sich aus, wo diese Atemwelle hinzieht.

Fantasiereise ans Meer

Stellen Sie sich vor, dass Sie im Sand vor dem Meer liegen. Erspüren Sie die Atemwelle in sich und stellen Sie sich dann die Meereswellen vor, wie sie kommen und gehen, kommen und gehen. Stellen Sie sich vor, wie die Wellen zum Strand hin auslaufen. Die Welle strömt unablässig hin und her und läuft immer wieder zum Strand hin langsam und gemächlich aus, so wie Ihr Atem kommt und in eine weiche, lange Ausatmung übergeht. Erspüren Sie in Ihrer Phantasie, wie die Meereswelle während Ihrer Ausatmung zu Ihren Füßen hin ausläuft und sie sanft umspült. Dann weicht sie wieder zurück – und Sie lassen den Atem ohne Druck und Zwang kommen. Geben Sie der Atemwelle genügend Zeit, auszulaufen … weich, sanft, ruhig, als ob Sie alle Zeit der Welt hätten. Diese Übung können Sie auch gut des Nachts im Bett machen, wenn Sie nicht einschlafen können. Sie entspannt und lässt das Gedankenkarussell zur Ruhe kommen. Wenn Sie mögen, können Sie nach einer Weile gedanklich Luftblasen aufsteigen lassen wie im Programm auf Seite 96 beschrieben.

Atem-Entspannung für den Körper

Dehnstellungen und Dehnbewegungen sind ideale Entspannungsübungen. Dehnen löst verspannte Muskeln, erhöht die Beweglichkeit und fördert die Durchblutung. Folgen Sie dabei Ihrem Atem. Der Effekt: ein spürbar besseres Körpergefühl und rückkoppelnd seelische und geistige Entspannung.

Bevor Sie beginnen

Entspannung – ob körperlich, seelisch oder geistig – stellt sich vor allem in der Ausatemphase ein. Deshalb kann eine lange Ausatmung die Entspannung verstärken. Verlängern Sie die Ausatmung während einer Dehnung, so wirkt das besonders effektiv. Die meisten Dehnungsatemübungen können Sie auf zwei Arten üben: Sie können in der Dehnhaltung bleiben und den Atem kommen und gehen lassen oder Sie verbinden die Dehnung mit einer Bewegung.

Halten Sie eine Dehnlage immer einige Sekunden. Als Richtwert gilt für alle Übungen: 30 Sekunden (Minimum: 20 Sekunden) bis drei Minuten – gerne auch länger, wenn Sie sich dabei wohlfühlen. Lassen Sie den Atem in der eingenommenen Position ungezwungen und frei fließen. Beobachten Sie ihn. Sie werden schnell feststellen, dass er vor allem in die gedehnten Muskeln strömt und dadurch an wunderbarer Weite gewinnt. Ein weiter, gelöster Atem schenkt uns auch Weite im Denken, Gelassenheit und Ruhe. Erleben Sie die Ausatemphase als reinen Entspannungsvorgang und lassen Sie mit jeder Ausatmung noch ein bisschen mehr los. Die Ausatemphase vertieft die Dehnung und Entspannung.

Suchen Sie sich zunächst eine oder zwei Übungen aus, die Sie über längere Zeit hinweg entspannt, aber konzentriert ausführen. So lernen Sie die Übungen intensiv kennen. Nach und nach erweitern Sie Ihr Repertoire und können, wenn Sie etwas mehr Zeit und Lust haben, mehrere hintereinander üben. Atmen Sie bei allen Übungen immer durch die Nase ein und durch die Nase aus. Um die Ausatmung zu verlängern ist es vor allem am Anfang gut, durch die weich geöffneten

PRAXIS

Ohne Zwang

Stellen Sie sich den Atem bei den Übungen als Wasser vor. Er fließt automatisch dorthin, wo Raum und Weite ist. Er strömt in gedehnte Körperwände, löst sie von Anspannungen, schafft Atemraum und ein allgemeines Gefühl von Weite. Dabei gewinnt er an Freiheit und Tiefe. Alles ohne Zwang, der Atem wird sozusagen in diese Räume gelockt.

PRAXIS

Das brauchen Sie

- Eine Matte oder eine andere nicht zu weiche Unterlage
- Ein Handtuch
- Einige Kissen, zusammengefaltete Decken oder einen Ball, um das Becken zu unterlagern

Lippen auszuatmen (Lippenbremse, s. Seite 30). Nehmen Sie sich nach jeder Übung Zeit, der Wirkung nachzuspüren. Gerade in der Nachspürphase können sich die Ruhe und die Entspannung weiter vertiefen. Sie können den Körper leichter wahrnehmen und gewinnen ein neues Körperbewusstsein.

So beginnen und beenden Sie die Übungen

Beginnen Sie jede Übungsphase aus folgender Ausgangsstellung heraus und kommen Sie zum Nachspüren immer in diese Grundposition zurück: Legen Sie sich auf eine Matte oder Decke auf den Boden. Wenn Sie mögen, geht das auch draußen im Gras oder auf einer anderen ebenen Fläche. Sie liegen in Rückenlage, die Füße sind etwa hüftbreit aufgestellt. Die Arme liegen bequem neben dem Körper auf dem Boden, die Handflächen zeigen nach oben.

Weite für den ganzen Körper

Legen Sie sich auf den Boden, grätschen Sie die Beine (Füße etwas mehr als hüftbreit auseinander) und führen Sie beide Arme nach hinten, sodass sie weit auseinander und mit den Handrücken auf dem Boden aufliegen. Schieben Sie Arme und Beine auseinander und bleiben Sie dann in dieser Position liegen. Beobachten Sie Ihren Atem (30 Sekunden bis drei Minuten). Stellen Sie dann die Beine auf und legen Sie die Arme neben sich. Spüren Sie der Übung nach. Wie fühlt sich der Atem jetzt an? Wo spüren Sie ihn jetzt? Genießen Sie die Ruhe in sich, die sich dabei vertieft.

Flankenatem in der Halbmondlage

Nehmen Sie die links beschriebene Position ein und ziehen Sie dann beide Arme und beide Beine zur rechten Seite – bis Ihr Körper die Form einer Mondsichel nachbildet. Dehnen Sie nur so weit es sich angenehm anfühlt und das Becken noch entspannt auf der Unterlage aufliegt. Spüren Sie die Dehnung in der linken Seite? Lassen Sie den Atem fließen und beobachten Sie ihn. Wahrscheinlich werden Sie wahrnehmen, wie er vermehrt in die gedehnte Seite strömt. Nach einiger Zeit kehren Sie in die Ausgangsstellung zurück (Beine aufstellen, Arme neben den Körper legen) und spüren nach. Vergleichen Sie beide Körperseiten und achten Sie auf die unterschiedlichen Körperwahrnehmungen in der gedehnten und der ungedehnten Seite. Nehmen Sie den Unterschied bewusst wahr. In welcher Seite können Sie den Atem vermehrt spüren? Wie fühlt sich die andere Seite an? Danach die Übung zur anderen Seite ausführen.

Variation: Rollen Sie ein Handtuch zusammen und nehmen Sie es zwischen die Hände. Begeben Sie sich wieder in die Dehnposition und halten Sie das Handtuch dabei gespannt.

Drehung für die Wirbelsäule

Diese Übung lockert verspannte Rumpfmuskeln und macht die Wirbelsäule beweglicher: Legen Sie in Rückenlage bei aufgestellten Füßen die Hände unter den Kopf. Dann die Knie zur linken Seite sinken lassen und gleichzeitig den Kopf nach rechts drehen. Erspüren Sie die Drehung in der Wirbelsäule und die Dehnung in der rechten Körperseite, lassen Sie den Atem entspannt und gelöst fließen. Mit jeder Ausatmung lassen Sie sich tiefer sinken. Nach einiger Zeit kommen Sie in die Ausgangslage zurück und spüren nach. Vergleichen Sie beide Körperseiten miteinander. Wie fühlt sich die gedehnte und beatmete Körperseite an? Wie die andere? Wo können Sie mehr Atembewegung spüren? Üben Sie dann auch die andere Seite.

Dehnung in der Diagonalen

Begeben Sie sich in die Rückenlage, die Füße sind hüftbreit aufgestellt. Strecken Sie den linken Arm nach hinten, als wollten Sie die Wand hinter sich berühren. Gleichzeitig verlängern Sie das rechte Bein, indem Sie die rechte Ferse nach vorne schieben. Der rechte Arm liegt mit dem Handrücken nach unten neben dem Körper auf dem Boden, die Fingerspitzen und die rechte Schulter schieben Sie in Richtung Fuß. Mit jedem Ausatemzug lassen Sie die gedehnten Körperteile schwerer auf den Boden sinken. Der Atem fließt dabei frei. Beobachten Sie Ihren Atem. Wo können Sie ihn besonders gut wahrnehmen? Fühlen Sie sich eins mit Ihrem Atem. Nach einiger Zeit in die Ausgangsstellung zurückkehren und nachspüren. Dann die andere Seite üben.

Dehnen und einrollen

Begeben Sie sich in die diagonale Ganzkörperdehnung und atmen Sie einige Male gelöst und ruhig ein und aus. Noch einmal einatmen und dann beim Ausatmen das gestreckte rechte Bein gebeugt zum Körper ziehen und mit der linken Hand das Knie zum Bauch ziehen. Das linke Bein lassen Sie aufgestellt. Bleiben Sie so einige Atemzüge lang liegen und beobachten Sie Ihren Atem. Mit jeder Einatmung schmiegt sich das Kreuz angenehm dem Boden an, mit jeder Ausatmung lassen Sie den unteren Rücken tiefer sinken. Hier im Kreuzbereich werden Sie den Atem jetzt vermehrt spüren. Dann stellen Sie beide Beine auf und spüren aufmerksam nach. Wo können Sie nun vermehrt die Atembewegung erspüren? Dann üben Sie gegengleich. Diese Übung regt die Rückenatmung an und hilft bei Kreuzschmerzen.

Massage fürs Kreuz

Stellen Sie in Rückenlage die Füße auf, ziehen Sie beide Knie zum Bauch und halten Sie sie mit den Händen fest. Erspüren Sie die angenehme Dehnung im Kreuzbereich und lassen Sie Ihren Atem fließen. Sie werden feststellen, dass er in die Tiefe fließt und im Kreuzbereich eine besondere Entspannung bewirkt. Nach einiger Zeit die Beine aufstellen und die Arme gelöst ablegen. In Ruhe nachspüren.

Variation: Wie oben, jedoch mit den Knien kleine Kreise beschreiben – in beide Richtungen. Den Atem einfach fließen lassen.

Spannung wegrutschen lassen

Stellen Sie in Rückenlage die Füße auf. Lassen Sie den Atem drei- bis viermal entspannt zum Bauch hinabfließen und lassen Sie alle Anspannung, die in Ihnen ist, los. Atmen Sie dann ein und lassen Sie mit dem Ausatem das rechte Bein einfach nach vorne wegrutschen, wie auf einer Rutschbahn. Geben Sie dabei alle überflüssige Anspannung, alle Empfindungen und Gedanken mit ab. Dann wieder einatmen und beim nächsten Ausatmen das linke Bein ebenso schwer und gelöst wegrutschen lassen. Alle Anspannung des Körpers mit abgeben. Stellen Sie die Beine wieder auf und wiederholen Sie die Übung, so oft Sie wollen. Zum Schluss ausgestreckt oder mit aufgestellten Füßen liegen bleiben, nachspüren und die Entspannung genießen.

Entlastung für den Rücken

Sie liegen in Rückenlage, die Füße sind hüftbreit aufgestellt. Heben Sie ausatmend das Becken an. Das entlastet den unteren Rücken, entspannt den Beckenboden und dehnt verkürzte Bauchmuskeln. Noch besser: Legen Sie in dieser Position eine zusammengefaltete Decke, zwei bis vier Kissen oder einen weichen (nicht zu kleinen) Ball unter das Becken und geben Sie das ganze Körpergewicht darauf ab. Lassen Sie alle Anspannung los. Lassen Sie den Atem einfach fließen, diese Lage unterstützt ganz automatisch die Tiefenatmung. Sie merken es daran, dass Bauch und Lenden weit werden. Fällt Ihnen jetzt die Ausatmung leichter? Das kommt daher, dass die Schwerkraft in dieser Körperlage das Zwerchfell gegen die Lungen drückt. Nach einigen Atemzügen – wenn Sie mögen, bleiben Sie eine bis drei Minuten in dieser Position – die Unterlage wegziehen und das Becken auf dem Boden ablegen. Nehmen Sie wahr, wie gut es jetzt aufliegt und wie der Atem sich vertieft hat. Spüren Sie, wie das Becken sich jetzt beim Ausatmen dem Boden anschmiegt.

Beckenkreise auf dem Ball

Stellen Sie in Rückenlage die Füße auf. Dann einen weichen Ball unter das Becken schieben. Kreisen Sie mit dem Becken sanft, langsam und entspannt auf dem Ball; einige Male rechts und einige Male links herum. Lassen Sie den Atem dabei ganz locker fließen. Kreisende Bewegungen entspannen den Atem und den gesamten Körper. Konzentrieren Sie sich auf die Bewegung des Beckens. Diese Übung tut bei Rückenschmerzen gut.

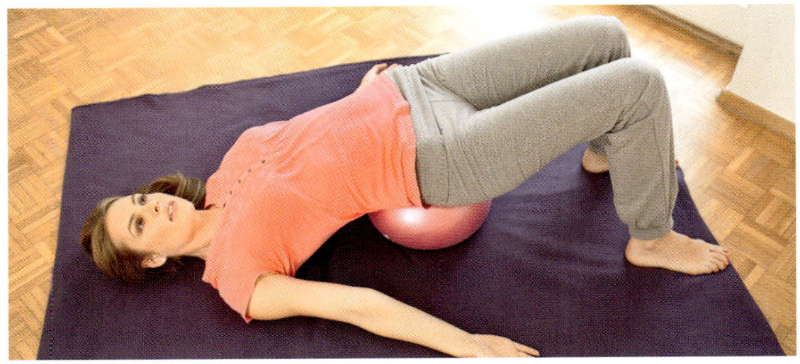

Entspannender Fersensitz

Begeben Sie sich aus dem Kniestand heraus in den Fersensitz. Beugen Sie den Oberkörper ganz vor. Für die Arme gibt es zwei Möglichkeiten: Entweder Sie legen sie seitlich neben dem Körper ab, wobei die Handflächen nach oben zeigen, die Stirn liegt dann bequem auf dem Boden. Sie können den Kopf auch etwa am Haaransatz auf ein festes kleines Kissen legen. Oder Sie nehmen die Arme nach vorne, stapeln die Hände übereinander und legen die Stirn auf den Händen ab. Öffnen Sie die Knie so weit, dass der Bauch Platz hat. Sie können sich auch ein Kissen zwischen Oberschenkel und Bauch legen.

Erspüren Sie in dieser Haltung die angenehme Dehnung im Rücken- und Nackenbereich und lassen Sie den Atem fließen. Beobachten Sie, wo er hinfließt. Sicher werden Sie im unteren Rücken und bei den Rippen eine vermehrte Atembewegung spüren. Entspannen Sie in dieser Position. Lassen Sie alles los. Achtung: Bei Knieproblemen lassen Sie diese Übung besser aus.

Entspannung in der Rutschhaltung

Beugen Sie sich aus dem Kniestand nach vorne; dieses Mal aber das Gesäß oben lassen, sodass vom Steißbein bis zum Hinterkopf eine schiefe Ebene entsteht. Den Kopf legen Sie auf die übereinandergestapelten Hände oder Fäuste (Fäuste zu einem Turm aufbauen). In dieser Haltung werden die Schulter- und Rückenmuskeln angenehm gedehnt. Beobachten Sie Ihren Atem und genießen Sie die Entspannung.

Variation: Wie oben, jetzt die Arme nach vorne strecken und die Stirn auf dem Boden ablegen. Für mehr Dehnung der Flanken lassen Sie die Stirn auf dem rechten Unterarm liegen und strecken den linken Arm nach vorne. Dann die Seite wechseln.

Atem-Entspannung für den Geist

Achtsamkeit ist der Grundstein der Atem-Entspannung, denn nur wer achtsam den Atem beobachtet, kann zu einem natürlichen, tiefen Atemrhythmus finden. Umgekehrt ist der Atem das Werkzeug, um Achtsamkeit zu entwickeln. Den Atem zu beobachten fokussiert den Geist auf die Gegenwart und führt zurück zum eigenen Ich.

Achtsamkeit entwickeln

„Wenn ihr aufgeregt und zerstreut seid und es schwierig findet, Achtsamkeit zu üben, kehrt zum Atem zurück: Sich des Atems bewusst zu werden ist schon Achtsamkeit. Der Atem ist das Wundermittel, mit dem wir unser Bewusstsein sammeln können."
Thich Nhat Hanh

Das Thema Achtsamkeit ist in den letzten Jahren regelrecht in Mode gekommen. Immer mehr Menschen suchen auf diese Weise den inneren Frieden. Die Praxis der Achtsamkeit entstammt den fernöstlichen Philosophien und wurde vor allem von buddhistischen Lehrern in den Westen getragen. In Amerika und Europa entstanden daraus vielfältige an das westliche Leben angepasste Lehren.

Achtsam zu sein bedeutet, eine beobachtende, akzeptierende Haltung anzunehmen – sich selbst gegenüber und dem, was um uns herum geschieht.

Achtsamkeit fördert die Entspannung, baut Stress ab und schaltet die Gehirnströme um von schnell auf langsam, von „durcheinander" auf „geordnet". Das „Geschnatter" im Kopf, der Dauerbetrieb unseres Gehirns, kommt zur Ruhe, der Kopf wird leer, der Geist klar. Dadurch kehrt Ruhe ein, und es entsteht Platz für Neues, Kreatives, Geordnetes. Achtsam handeln heißt, mit den Gedanken bei dem zu sein, was man gerade tut – und nicht bei dem, was als nächstes ansteht oder vor Kurzem passiert ist. Das Ergebnis sind innere Ruhe und Selbstakzeptanz. Es entsteht ein offenes Bewusstsein, denn nur im Gewahrsein, in der Achtsamkeit kann man wahrnehmen, was um einen herum geschieht, wie man selbst handelt und reagiert. Man kommt in Kontakt mit dem eigenen Selbst.

Achtsamkeit wird in der Tradition des Buddhismus im stillen Sitzen, also in der Sitzmeditation (Seite 61), und im langsamen Gehen, der Gehmeditation, geübt. Ziel ist es, die Energie der Achtsamkeit durch regelmäßiges Üben zu kultivieren und in den Alltag hineinzutragen. Die Achtsamkeit richtet sich dabei vor allem auf den Atem. Schweifen die Gedanken ab, führen Sie sie immer wieder zurück zum Atem. Wenn Sie Achtsamkeit in Ihren täglichen Übungen oder in der Meditation praktizieren, wird es Ihnen bald gelin-

WISSEN

MBSR

Jon Kabat-Zinn von der University of Massachusetts gründete 1979 die Mindfulness-Based Stress Reduction (MBSR), ein Programm zur Stressbewältigung durch Achtsamkeit. Es umfasst Übungen zur besseren Körperwahrnehmung, Yogaübungen, Meditation im Sitzen und im Gehen sowie Atemübungen. Ursprünglich für chronische Schmerzpatienten konzipiert, ist der medizinische Nutzen auch bei Depressionen, Schlafstörungen, Kopfschmerzen oder Burnout-Syndrom weltweit bekannt und wissenschaftlich anerkannt.

gen, sie mehr und mehr in den Alltag hineinzutragen. So werden Sie achtsamer, gelassener und können besser mit Stress und negativen Gefühlen umgehen. Der Pluspunkt beim Atem: Sie können ihn immer und überall beobachten und dadurch den Geist und das Gemüt beruhigen – ohne besondere Utensilien.

Der Atem als Achtsamkeitsanker im Alltag

Nicht immer können Sie die Situation, in der Sie gerade stecken, ändern. Aber Sie können lernen, damit besser umzugehen, sich nicht in den Strudel reißen zu lassen, sondern auf den Wellen zu surfen. Durch achtsame, akzeptierende Haltung können Sie besser mit Schmerz, Stress oder belastenden Gefühlen umgehen, aber auch Freude und glückliche Momente mehr auskosten. So verbinden Sie sich mit Ihren inneren Ressourcen und aktivieren sie. Indem Sie wahrnehmen, was ist, erkennen Sie, wann Sie auf bestimmte Situationen oder Gefühle mit den immer gleichen Verhaltens- und Gedankenmustern reagieren. Diese Automatismen laufen durch jahrelanges „Training" wie ein Reflex ab – allerdings nicht immer zum eigenen Wohl oder dem der Mitmenschen. Den Automatismus zu erkennen gibt die Möglichkeit, ihn zu durchbrechen.

Und der Atem? Er ist bei der Achtsamkeitstherapie ausschlaggebend, denn er hilft, immer wieder zur Achtsamkeit zurückzukehren. Er ist bei der Meditation das, worauf Sie Ihre Aufmerksamkeit lenken. Er ist immer bei uns, und er vereinigt Körper, Geist und Seele; das Bewusste und das Unbewusste. Er führt zu innerer und äußerer Ruhe, fördert die Konzentration sowie die innere und äußere Wahrnehmung. Kabat-Zinn sagte: „Er verankert unser Bewusstsein fest im Körper.“ Immer wenn Sie merken, dass Sie mit einer Erinnerung oder Zukunftsfantasie beschäftigt sind oder wenn Sie in einer Emotion feststecken, schauen Sie diese Gedanken und Gefühle vorurteilsfrei an. Danach kehren Sie zum Atem zurück. Der Atem ist Ihr Anker, der immer wieder hilft, aus grübelnden Gedanken, festgefahrenen Gefühlen oder körperlicher Anspannung auszusteigen, gegenwärtig zu sein, in „bewusster Präsenz“. Je regelmäßiger Sie das in der Meditation üben, desto besser gelingt Ihnen das dann auch im Alltag – ob beim Zähneputzen, beim Treppensteigen, Autofahren oder Essen und natürlich bei der Atem-Entspannung.

Achtsamkeit statt Multitasking

Der heutige Mensch ist unruhig und hat das Gefühl, er müsse immer etwas tun. Oft stehen sogar gleich mehrere Dinge an, die zu erledigen sind – und das tut man dann womöglich alles gleichzeitig. „Multitasking“ ist das Schlagwort – die Fähigkeit, mehrere Tätigkeiten zur gleichen Zeit auszuführen, ist gefragt. Der Mensch in unserer Gesellschaft hat gelernt, dass fleißig sein sich auszahlt und dass die Fähigkeit, mehrere Aufgaben nebeneinander auszuführen, Ansehen bringt. Gleichzeitig an einem Skript arbeiten, einen Anruf entgegennehmen, zwei oder drei ankommende Mails überfliegen und vielleicht noch auf das Rufen des Kindes oder eines Arbeitskollegen hören, das ist beeindruckend. Aber wie fühlt sich das an? Hektik und die innere Unruhe wachsen, man fühlt sich wie getrieben. „Alles auf einmal, und zwar sofort“ – das ist nicht gut für die menschliche Psyche. Multitasking ist ungesund, lautet mittlerweile die Botschaft. Außerdem haben Hirnforscher herausgefunden, dass das Gehirn maximal zwei Aufgaben gleichzeitig bewältigen kann. Und daher ist Multitasking nicht nur ungesund, sondern auch ineffizient. Da jede der zahlreichen Aktionen nur noch einen Teil unserer Aufmerksamkeit erhält, übersehen wir Fehler und können unnütze Informationen schlechter ausblenden. Aber kann man dann noch die richtigen Entscheidungen treffen? Forscher berichteten, dass durch fortwährendes Multitasking die Fähigkeit schwindet, sich auf das Wesentliche zu konzentrieren. Multitasking schadet der Intelligenz, verringert die Qualität der Arbeit und erzeugt Stresshormone, so die Forscher.

Kabat-Zinn sagte: „Überall herrscht Mangel an Ruhe, Aufmerksamkeit und Achtsamkeit … Immer nur machen, niemals sein.“ Das führt zu innerer Unruhe, Unzufriedenheit und dem Gefühl des Getriebenseins. Gesünder ist also Monotasking statt Multitasking. Sich auf eine Sache zu konzentrieren und sie bewusst wahrzunehmen. Das berühmte Hier und Jetzt.

PRAXIS

Stilles Sitzen

In der Achtsamkeitsmeditation, dem stillen Sitzen, werden Gedanken oder Gefühle auftauchen. Verdrängen, bewerten oder kommentieren Sie sie nicht, sondern nehmen Sie sie urteilsfrei (wie ein Beobachter) wahr. Lassen Sie die Gedanken wie Wellen kommen und wieder gehen. Ein indischer Yogi sagte: „Du kannst zwar die Wellen nicht aufhalten, aber du kannst lernen, sie zu reiten.“ So gewinnen Sie eine heilsame Distanz zur inneren Welt, auch dann, wenn Sie sich überfordert fühlen. In der buddhistischen Lehre werden die Gedanken manchmal mit einem Affen verglichen, der rastlos von Baum zu Baum springt. Aber wenn er eine Frucht auskosten will, dann muss er sich niederlassen.

Heilsame Stille: Achtsamkeitsmeditation

„Euer Atem sollte leicht, gleichmäßig und fließend sein, wie ein dünner Wasserlauf im Sand. So still, dass die Person neben euch nichts hört. Der Atem sollte so anmutig dahinfließen wie ein Fluss, so wie eine Wasserschlange durchs Wasser gleitet."
Thich Nhat Hanh

Die folgenden Übungen machen Sie im Sitzen, richten Sie sich am besten eine Ecke mit angenehmer Atmosphäre dafür ein. Nehmen Sie eine aufrechte Haltung ein, z. B. im Schneidersitz. Um die Wirbelsäule aufzurichten, legen Sie am besten ein dickes, festes Kissen (oder eine zusammengefaltete Decke) unter das Gesäß. Oder Sie setzen sich aufrecht auf einen Stuhl, ohne sich anzulehnen.

1. Schritt: Nehmen Sie Ihre Haltung wahr. Sie sitzen aufrecht und sicher wie ein Berg. Erspüren Sie Ihren Körper im Sitzen: den Kontakt des Gesäßes mit der Sitzfläche, den Oberkörper, der sich aus dem Becken heraus aufrichtet. Machen Sie eine kleine Reise durch Ihren Körper: Füße, Beine, Gesäß, Rücken, Schultern, Arme, Nacken, Kopf, Gesicht. Wie fühlt sich jedes Körperteil an?

2. Schritt: Erspüren Sie den Atem. Wo können Sie ihn am meisten spüren? Lassen Sie den Atem kommen und gehen, so wie es von alleine geschieht, ohne ihn verändern oder korrigieren zu wollen. Verfolgen Sie einfach, wie die Luft in Ihren Körper einströmt und wieder hinausströmt. Wenn Gedanken auftauchen, wie z. B. „Ich muss nachher noch telefonieren" oder „Heute klappt es einfach nicht", dann schauen Sie den Gedanken einen Moment an und kehren dann sanft wieder zur Aufmerksamkeit auf den Atem zurück (s. Kasten).

3. Schritt: Folgen Sie Ihrem Atem und spüren Sie die Körperempfindungen beim Einatmen und beim Ausatmen, z. B. in der Nase oder auf der Oberlippe. Nehmen Sie Ihre Gedanken und Empfindungen wahr, ohne sich in ihren Inhalt hineinziehen zu lassen. Sie sind Ihr eigener Beobachter und gewinnen dadurch eine angenehme Distanz zu den Empfindungen oder Sorgen. Manchmal verschafft das allein Klarheit bei ungelösten Fragen. Ihr Atem ist der Anker, wenn Sie Gefahr laufen, gedanklich abzutreiben. Nehmen Sie die Atemwelle in Ihnen wahr wie ein Wellenreiter, der immer in Kontakt mit seiner Welle ist.

Achtsamkeit im Alltag

Achtsamkeit ist keine neue Technik – in vielen asiatischen Ländern ist sie Teil des Lebens. Machen Sie Achtsamkeit zu Ihrem Lebensstil – dann kann sich Ihre körpereigene Heilkraft richtig entfalten.

Übung 1: Halten Sie immer wieder in Ihrem Tagesablauf inne und werden Sie sich Ihres Atems bewusst. Nehmen Sie dabei alles an, was ist, egal ob positive oder negative Gefühle, Gedanken etc. Betrachten Sie alles wie ein Beobachter, erlauben Sie sich, diesen Augenblick genau so sein zu lassen, wie er jetzt gerade ist. Auch Sie selber dürfen in diesem Moment genau so sein, wie Sie sind.

Übung 2: Suchen Sie sich zunächst eine Alltagssituation heraus, bei der Sie vermehrt Achtsamkeit entwickeln wollen; später dürfen es dann immer mehr werden. Das kann sein: Treppen steigen, abwaschen, bügeln, Zähne putzen, duschen, kochen, essen. Seien Sie dabei ganz gegenwärtig, mit einer interessierten, wachen Haltung. Sagen Sie sich: Jetzt putze ich meine Zähne, jetzt esse und schmecke ich, jetzt gehe ich usw. Indem Sie dabei völlig Sie selbst sind und Ihrem Atem folgen, werden Sie sich der Gegenwart, Ihrer Gedanken und Handlungen bewusst.

WISSEN

Wenn ich sitze ...

Bauen Sie die Achtsamkeit in Ihren Alltag ein, dann geht es Ihnen wie dem Mann in dieser Geschichte: Ein in der Meditation erfahrener Mann wurde einmal gefragt, warum er trotz seiner vielen Beschäftigungen immer so gesammelt sei. Er sagte: Wenn ich stehe, dann stehe ich, wenn ich gehe, dann gehe ich. Wenn ich sitze, dann sitze ich, wenn ich esse, dann esse ich. Wenn ich spreche, dann spreche ich ... Da fielen ihm die Fragesteller ins Wort und sagten: Das tun wir doch auch. Er aber sagte zu ihnen: Nein, wenn ihr sitzt, dann steht ihr schon, wenn ihr steht, dann lauft ihr schon, wenn ihr lauft, dann seid ihr schon am Ziel ...

Atemspaziergang in der Natur

In der Natur finden wir unsere natürliche Lebensgrundlage. Aus der Natur kommt unsere Nahrung, hier wird der Sauerstoff, den wir zum Atmen brauchen, produziert. Nirgends können wir mehr zur Ruhe bzw. zu unserer Natur zurückfinden und unsere Sinne spüren. Gehen Sie so oft Sie können raus in die Natur. Wenn Sie ganztags arbeiten, gehen Sie schon vor der Arbeit, nach Feierabend oder in der Mittagspause nach draußen. Für Städter kann dies auch ein Park sein. Versuchen Sie, beim Gehen gedanklich immer bei Ihrem Atem zu bleiben. Sie können zur Einstimmung auch einige Minuten das meditative Gehen praktizieren (Seite 67) und dann zu einer zügigeren Gangart wechseln.

Ihren Atemspaziergang in der Natur können Sie auch gut mit erholsamen Atemübungen kombinieren. Unter freiem Himmel werden Sie ein ganz anderes Bewusstsein und Empfinden entwickeln als in geschlossenen Räumen. Beginnen Sie bespielsweise mit einigen Basisübungen (Seite 40), um den Atem zu erspüren, machen Sie die Dehnungsübungen, die Ihnen am besten gefallen (Seite 50) oder flechten Sie die folgenden Übungen in den Spaziergang ein.

Mit dem Boden verwurzelt

Bleiben Sie aufrecht, mit ganz leicht gebeugten Knien stehen und stellen Sie sich vor, wie kleine Wurzeln aus Ihren Fußsohlen in die Erde wachsen. Fühlen Sie sich mit der Erde verwurzelt und spüren Sie den langsamen Atem in sich. Gleichzeitig schieben Sie den Kopf wie die Krone eines Baumes nach oben und das Steißbein nach unten zum Boden, um ganz aufgerichtet zu sein. Ideal als Einstimmung oder am Schluss.

Schaukeln wie ein Baum im Wind

Bleiben Sie aufrecht stehen und beachten Sie die Auflagepunkte Ihrer Füße auf dem Boden, Fersen, Großzehballen und Kleinzehballen. Die Arme hängen schwer nach unten. Stellen Sie sich vor, dass das Steißbein nach unten zum Boden hinabzieht und der Kronenpunkt des Kopfes in den Himmel ragt. Beginnen Sie dann das Gewicht langsam vor und zurück zu verlagern. Die Bewegung findet in den Fußgelenken statt. Stellen Sie sich dabei einen Baum im Wind vor. Er ist unten fest verwurzelt und nach oben hin frei.

Die Ausatmung verlängern

Zählen Sie die Schritte, während Sie langsam durch den Mund auf „sch…“ oder „fff…“ oder „mmm…“ oder einen Vokalton ausatmen. Lassen Sie möglichst viel Luft entweichen, ohne zu pressen. Tipp: Am Schluss der Ausatmung noch ein „t“ hauchen. Dadurch entweicht noch ein bisschen Restluft. Diesen Atemtrick können Sie immer anwenden, wenn Sie die Ausatmung verlängern wollen und möglichst viel Restluft aus der Lunge beseitigen wollen.

Den Brustkorb locker abklopfen

Bleiben Sie aufrecht stehen. Zuerst die Arme einatmend waagerecht zur Seite strecken; die Handflächen zeigen nach oben. Dann die Arme gebeugt zum Körper ziehen, die Hände zu lockeren Fäusten ballen und den Brustkorb leicht und locker abklopfen. Dabei atmen Sie aus, auf „mmm…“, auf „aaa…“ oder andere Vokaltöne. Vier- bis sechsmal wiederholen. Die Schultern locker lassen und nicht hochziehen. Durch die Vibrationen lockert diese Übung auch von innen. Wenn Sie wollen, können Sie dabei die Augen schließen und der Vibrationsentspannung bewusst nachspüren.

Die Flanken dehnen

Bleiben Sie aufrecht stehen. Dann einatmend den linken Arm seitlich anheben und im Bogen über den Kopf zur rechten Seite strecken, Handfläche nach oben. Gleichzeitig den Oberkörper ein wenig zur rechten Seite neigen. Die rechte Hand legen Sie zum Fühlen der Flankenatmung und der Dehnung an die linke Rumpfseite. In dieser Position bleiben Sie auch während der Ausatemphase. Dann wieder einatmen und ausatmend Oberkörper und Arme in die Ausgangsposition zurückführen. Ein bis zwei Atemzüge nachspüren. Danach zur anderen Seite hin üben, jede Seite zwei- bis viermal.

Arme schwingen

Bleiben Sie stehen und atmen Sie durch die Nase ein. Beim langsamen Ausatmen durch die Nase oder den Mund die Arme locker und lässig von einer Seite zur anderen um den Körper herum schwingen lassen. Der Oberkörper bewegt sich dabei mit, der Blick bleibt nach vorne gerichtet. Die Anzahl der Schwünge richtet sich nach der Länge Ihrer Ausatmung, z.B. zwei Schwünge lang einatmen und vier bis sechs Schwünge lang ausatmen oder ein Schwung einatmen und zwei bis vier Schwünge ausatmen. Dann kurz ruhig stehen bleiben und nachspüren.

In die Länge wachsen

Bleiben Sie stehen, die Füße hüftbreit auseinander. Ziehen Sie einatmend langsam mit den Armen einen Halbkreis seitlich nach oben, die Handflächen sind nach oben gerichtet. Ganz oben die Hände falten und die Handflächen weit in Richtung Himmel schieben. Dann langsam ausatmen und die Arme dabei seitlich mit nach unten gerichteten Handflächen senken. Dann entweder die Arme schwer hängen lassen oder die Hände auf den Bauch legen und das Ende der Ausatmung abwarten.

Variation: Die Arme wie oben anheben, aber wenn Sie die Hände über dem Kopf falten, den Oberkörper zu einer Seite hin beugen. Beim Ausatmen Oberkörper und Arme wieder in die Ausgangstellung zurückführen.

Atem-Variationen

Gähnen und seufzen Sie, summen, zischen und tönen Sie, schnuppern Sie die Waldluft, wie es in den Atem-Variationen beschrieben ist (Seite 70). Riechen Sie: Bleiben Sie vor einer Blume, einem Baum oder vor etwas anderem stehen, das einen angenehmen Duft ausströmt: Atmen Sie langsam riechend durch die Nase ein und nehmen Sie bewusst wahr, wie die Luft an den oberen Nasengängen entlangstreicht und der Geruch dort von den Sinneszellen aufgenommen wird. Genießen Sie den Duft und atmen Sie langsam aus. Stellen Sie sich vor, wie der Duft sich im ganzen Körper verteilt.

Meditatives Gehen

Meditatives Gehen heißt langsames, zielloses, achtsames Gehen. Es verbindet Meditation mit Bewegung und fällt aktiven Menschen zunächst oft leichter als Meditation im Sitzen. Es geht dabei nicht um das „Ankommen", sondern um den Weg an sich und um die Achtsamkeit auf diesem Weg. Diese Übung können Sie beliebig lange ausführen: drei oder fünf Minuten, 15 Minuten, aber auch eine halbe oder eine ganze Stunde lang. Am Anfang ist es gut, sich mehr Zeit zu nehmen, z. B. 10–20 Minuten. Mit etwas Übung genügen dann drei bis vier, um den entspannenden Effekt zu erzielen. Wundern Sie sich aber nicht, wenn es Ihnen am Anfang schwerfällt, beim langsamen Gehen das Gleichgewicht zu halten. Vielleicht wollen Sie zunächst lieber an einer Wand entlanggehen. Mit der Zeit wird sich Ihr Gleichgewichtssinn aber sicherlich verbessern.

Sie können das meditative Gehen allein üben, im Anschluss an eine Sitzmeditation, oder Sie kombinieren es mit einigen Übungen aus den bisherigen Kapiteln. Die Übungen wie beim Atemspaziergang beschrieben (Seite 62) eignen sich besonders gut.

Haltung wahren: Das Erste, worauf Sie am Anfang achten sollten, ist Ihre Haltung. Später werden Sie ganz automatisch die richtige Haltung einnehmen. Gehen Sie aufrecht durchs Leben – auch bei der Gehmeditation. Der Brustkorb ist weit und aufgerichtet, damit der Atem frei fließen kann. Die Schultern sinken tief. Die Arme schwer hängen lassen. Der Gesichtsausdruck ist weich, lächeln Sie. Der Blick ist nach vorne gerichtet, leicht gesenkt, um sich grob im Raum zu orientieren. Die Aufmerksamkeit richten Sie nach innen, auf die Fußsohlen und den Atem.

Langsam gehen: Bei der Gehmeditation geht es um die Achtsamkeit. Gehen Sie in langsamen, sehr kleinen Schritten und konzentrieren Sie sich auf die Füße bzw. die Fußsohlen. Heben Sie einen Fuß langsam ab und setzen Sie ihn eine halbe Fußlänge oder etwas mehr seitlich des anderen wieder auf. Achten Sie darauf, wie sich das Gleichgewicht von einem Fuß auf den anderen verlagert und spüren Sie die Empfindungen des aktiven Fußes. Nehmen Sie den Ablauf jeder Bewegung wahr: wie der Fuß vom Boden abhebt, sich vorbewegt, sich senkt, wieder aufsetzt, belastet wird, abrollt Nehmen Sie wahr, wie die Last von einem auf den anderen Fuß übertragen wird und wie sich der hintere Fuß leicht vom Boden löst, wie ein Tautropfen von einem Blatt. Gehen Sie im Schneckentempo, Sie haben alle Zeit der Welt; sie müssen nirgends ankommen. Der Weg ist das Ziel.

Achtsamkeit: Ihre ganze Aufmerksamkeit ist jetzt bei Ihren Füßen und dem tiefen Atem. Spüren Sie sich in jede Bewegung hinein. Und lächeln Sie sich währenddessen selber zu. Wenn Gedanken auftauchen, beobachten Sie sie – wie ein Pferd, ohne dessen Reiter zu werden. Lenken Sie dann Ihre

PRAXIS

Die Welt als Übungsraum

Meditatives Gehen können Sie in der Mittagspause praktizieren, vor einer Prüfung, zwischen Meetings oder zwei Terminen, draußen in der Natur oder als Tagesausklang daheim im Wohnzimmer. Nutzen Sie den Weg zur Arbeit, den Flur oder Gang zur Kantine. Gehen Sie auf und ab oder im Kreis. Je mehr sich Ihr Geist daran gewöhnt, desto schneller werden Sie auf innere Ruhe umschalten können – auch zwischendurch im Alltag. Sie können so Ihre Gehirnströme von schnell und durcheinander auf langsam und geordnet umschalten.

Gedanken wieder auf Ihre Füße und den Atem. Erspüren Sie die Bodenbeschaffenheit, vielleicht den Waldboden oder das weiche Moos oder die Unebenheit eines Weges – wenn Sie drinnen üben, den Teppich, die Fließen oder den Holzboden. Wenn Sie wollen, können Sie sich auch ganz auf das Lauschen konzentrieren. Können Sie die Stille hören? Es gibt verschiedene Varianten dieser Gehmeditation, die Sie miteinander kombinieren können, wie es Ihnen gefällt. Wichtig ist die Konzentration zu wahren, auf den Atem zu achten, eine „würdevolle“, aufgerichtete Haltung einzunehmen und freundlich und entspannt zu lächeln.

Variation 1: Gehen Sie wie oben beschrieben und stellen Sie sich vor, Sie seien der glücklichste Mensch der Welt. Jeder einzelne Ihrer Schritte stimmt Sie glücklich und zufrieden. Wenn Ihnen das spontan nicht gelingt, dann denken Sie an eine Situation, in der Sie glücklich waren. Genießen Sie jeden Ihrer Schritte. Und lächeln Sie sich selber zu. Fühlen Sie sich vom Boden getragen, während sich Ihre Mundwinkel sanft zu einem Lächeln nach oben ziehen.

Variation 2: Versuchen Sie dieses Mal, die Außenwelt intensiv zu erfahren. Spüren Sie den Wind auf Ihrer Haut und in den Haaren, die warmen Sonnenstrahlen oder vielleicht die nieselnden Regentropfen. Öffnen Sie sich ganz der Natur um Sie herum, mit allen Sinnen. Lassen Sie sich von ihrer Schönheit, den Klängen und Gerüchen berühren. Nehmen Sie den Gesang der Vögel, die Insekten und das Rascheln der Blätter wahr und riechen Sie die verschiedenen Düfte auf Ihrem Weg: Bäume, Gräser, Blumen … Lassen Sie auch die Vielfalt der Farben um Sie herum in sich einsickern. Sobald Ihr Geist abschweift, richten Sie Ihre Konzentration wieder bewusst auf Ihre Empfindungen der Fußsohlen auf dem Boden oder nutzen den Atem als Achtsamkeitsanker.

Meditatives Gehen im verlangsamten Atemrhythmus

Sie können das langsame Gehen auch mit dem Atem kombinieren. Das ist vor allem dann hilfreich, wenn die Gedanken bei der Meditation gar nicht zur Ruhe kommen wollen. Gehen Sie zunächst ein paar Schritte wie oben beschrieben: langsam, bewusst, in kleinen Schritten. Lassen Sie den Atem ganz natürlich fließen. Konzentrieren Sie sich auf den Geh- und Atemrhythmus. Spüren Sie, wie es in Ihnen atmet, ganz von allein, ohne Ihr Zutun. Spüren Sie, wie der Bauch etwas weiter wird beim Einatmen und beim Ausatmen zurückschwingt.Atmen Sie dann bei den nächsten zwei langsamen Schritten ein und vier Schritte lang aus. Atmen Sie durch die Nase ein und durch die Nase oder den Mund (durch einen kleinen Lippenspalt) aus. Sie können die Schrittzahl nach Belieben verändern, um sie an Ihren Atemrhythmus anzupassen. Jedoch sollte die Ausatemphase immer länger sein als die Einatemphase – gut doppelt so lang oder länger. Wenn Sie ganz langsam gehen, können sie auch während eines Schrittes einatmen und während ein bis zwei Schritten ausatmen. Probieren Sie es aus, wie es sich für Sie am besten anfühlt. Das kann von Tag zu Tag variieren. Bestimmen Sie selbst, wie lange Sie die Übung machen wollen.

2 Schritte ein ⇒ Nase
4 " aus ⇒ Mund

Atem-Variationen

Ziel aller Atemübungen ist es, den Atem in seinem natürlichen Rhythmus langsamer und tiefer werden zu lassen. Um dieses Ziel zu erreichen, hilft manchmal auch der Umweg: nicht einfach fließen lassen, sondern den Rhythmus spielerisch verändern, den Atem mit Tönen verbinden – oder einfach mal herzhaft gähnen und seufzen.

Mit Schnuppern, Summen, Schnüffeln, Seufzen und Gähnen bietet die Natur des Menschen eine Fülle an natürlichen Atemübungen. Sie vertiefen den Atem automatisch, verlängern die Ausatmung, weiten die Atemräume und aktivieren die Atemmuskeln, besonders das Zwerchfell. Alle Übungen können Sie als einzelne Atemübung in den Alltag einflechten, ob beim Spazierengehen, beim Duschen, im Garten oder zur Konzentrationssteigerung vor einem Termin. Ideal ergänzen Sie einen Atemspaziergang oder die Gehmeditation. Manch eine Übung finden Sie auch in dem ein oder anderen Übungsprogramm wieder. Machen Sie die Übungen spielerisch – hier gibt es kein Richtig und kein Falsch.

Wechselatmung: mal links, mal rechts

Diese Atemübung erfrischt, erhöht die Konzentration und aktiviert das Zwerchfell. Setzen Sie sich aufrecht hin und atmen Sie tief aus. Verschließen Sie das linke Nasenloch mit der Daumenkuppe der linken Hand. Atmen Sie durch das rechte Nasenloch langsam ein. Dann lösen Sie den Daumen und verschließen mit dem kleinen Finger das andere Nasenloch. Atmen Sie langsam und lange durch das linke Nasenloch aus und dann wieder ein. Dann verschließen Sie das linke Nasenloch wieder mit dem Daumen, atmen durch das rechte ein und wieder aus. Das heißt:

- Rechts einatmen
- Links aus- und einatmen
- Rechts aus- und einatmen usw.

Wiederholen Sie das eine Weile und konzentrieren Sie sich dabei darauf, wie der Atem aus Ihrer Nase aus- und wieder einströmt. Wo spüren Sie den Atem: an der Nasenspitze, im Nasengang? Dann beide Hände gelöst in den Schoß legen und der Übung nachspüren. Wie fühlen sich die Nasengänge jetzt an, vielleicht freier, weiter, belebter? Diese Übung ist auch hilfreich, wenn Sie das Gefühl haben, dass ein Nasenloch nicht ganz frei ist.

Variation: Führen Sie die oben beschriebene Übung zuerst nur mit einem Nasenloch aus. Verschließen Sie mit dem rechten Daumen das rechte Nasenloch und atmen Sie dann zwei- bis viermal mit dem linken Nasenloch ein und aus. Legen Sie dann die Hände in den Schoß und spüren Sie nach. Sicher können Sie jetzt einen deutlichen Unterschied zwischen beiden Nasengängen spüren. Welcher fühlt sich weiter und lebendiger an? Dann die andere Seite üben.

Ausatmung: angenehm verlängert

Um in der Hektik des Alltags den Atem zu beruhigen, hilft es, gezielt die Ausatmung zu verlängern. Auch für Anfänger sind die folgenden Übungen eine gute Hilfe, um in die Atem-Entspannung zu kommen und Achtsamkeit zu etwickeln. Im Laufe der Zeit werden Sie sich immer mehr daran gewöhnen, dass die Ausatmung beim natürlichen Atemrhythmus immer länger ist als die Einatmung.

Zählen: Atmen Sie durch die Nase ein und zählen Sie dann beim Ausatmen bis vier, sechs oder acht – je nachdem, wie es Ihnen in dem Moment gelingt. Zählen Sie einfach so lange, wie Sie gelöst und ohne Druck ausatmen können. Dann die Einatmung abwarten.

Der Trichter: Stellen Sie sich einen Trichter vor. Beim Einatmen wird der Trichter mit Körnern gefüllt. Beim Ausatmen sickern die Körner langsam durch die Trichterröhre nach unten in einen Trog. Statt Körner können Sie auch Zahlen durch den Trichter sickern lassen. Atmen Sie ein und lassen Sie dann eine Zahl nach der anderen wie einen Wassertropfen durch den Trichter fallen. Vielleicht kommen Sie am Anfang nur bis drei oder vier, später dann vielleicht bis sieben, acht oder sogar bis neun. Oberste Maxime: Nichts erzwingen, den Atem frei fließen lassen.

Der Luftballon: Atmen Sie durch die Nase ein und stellen Sie sich einen dünnen Schlauch vor, der in einen Luftballon in Ihrem Bauchraum mündet. Die Einatemluft strömt durch diesen Schlauch nach unten in den Luftballon und lässt den Bauch weit werden. Beim Ausatmen fließt die Luft wieder durch den Schlauch zurück nach oben.

Gähnen: Sauerstoffkur fürs Gehirn

Gähnen ist eine wunderbare, befreiende Tiefenatemübung, die Mund und Rachen weitet, die Kiefergelenke öffnet, die Kaumuskeln löst und für mehr Sauerstoff im Blut sorgt. Verspannungen lockern sich, nervliche Anspannung baut sich ab. Gähnen ist auch für die Augen gut (vor allem, wenn Sie stundenlang auf den PC-Bildschirm schauen), denn es regt die Bildung von Tränenflüssigkeit an. Wenn möglich, schauen Sie beim Gähnen in die Natur, z. B. auf einen Baum oder eine Wiese.

Gähnen Sie wann immer Ihnen danach ist – sofern es die Situation erlaubt. Das hilft auch in „Notsituationen", wenn Sie sich konzentrieren müssen, aber das Gefühl haben, dass die Aufmerksamkeit nachlässt, das Gehirn schlecht durchblutet ist oder Sie sich gestresst oder gereizt fühlen. Am besten vor dem offenen Fenster.

Wichtig für die Atmung: Gähnen wirkt wie ein kräftiger Impuls auf das Zwerchfell, das sich dadurch weit nach unten absenkt. Mit einem einzigen Atemzug wird die Lunge so „durchlüftet", die Ausatmung verlängert und das Gehirn blitzschnell mit neuem Treibstoff versorgt. Recken und strecken Sie sich dabei nach Möglichkeit weit nach oben, öffnen Sie den Mund ganz weit und gähnen Sie herzhaft. Vielleicht hilft es Ihnen, an einen Löwen zu denken, der sich in der Sonne wohlig räkelt, das Maul aufreißt und ausgiebig gähnt. Dann bleiben Sie gelöst stehen, lassen die Arme schwer nach unten hängen und atmen genüsslich aus. Spüren Sie die Dehnung beim Einatmen durch den ganzen Körper und auch im Gesicht. Nehmen Sie beim langsamen Ausatmen die Entspannung in allen Gliedern bewusst wahr. Spüren Sie anschließend nach, wie sich Ihr ganzer Körper jetzt anfühlt.

PRAXIS

Gähn-Variationen

Lassen Sie beim Gähnen von sich hören, atmen Sie z. B. mit einem langen „Haaa..." aus. Experimentieren Sie nach einem herzhaften Gähnen mit Tönen. Sie können durch die Lippenbremse ausatmen, genüsslich seufzen, brummen wie ein Löwe oder schnurren wie eine Katze. Seien Sie in den Ausatemtönen erfinderisch.

Schnuppern: dem Zwerchfell auf der Spur

Diese Übung hilft in besonderem Maß, das Zwerchfell zu entdecken. Stellen Sie sich aufrecht hin. Wenn Sie mögen, stellen Sie sich frische Waldluft vor, den Duft nach Tannennadeln oder frisch geschlagenem Holz, einen Blumenduft oder sonst einen Geruch, den Sie gerne riechen. Sie können auch einige Tropfen eines ätherischen Öls in eine Duftlampe oder auf ein Taschentuch geben (s. Seite 27). Abends können Sie z. B. Lavendel verwenden, morgens Rosmarin, Zitronenöl oder Minze. Schnuppern Sie: Ziehen Sie die Luft durch die Nase stoßweise ein, so wie ein Hund eine Spur wittert. Während einer Einatmungsphase können Sie ruhig drei- bis fünfmal schnüffeln. Spüren Sie, wie sich die Nasenflügel dabei leicht verengen, wodurch der Einatemstrom sich verlangsamt.

Atmen Sie danach langsam und lange durch die Nase oder den Mund aus, während Sie denken „verteilen" oder „loslassen". Zwei- bis viermal wiederholen. Beim Schnuppern können Sie, wenn Sie wollen, die Hände unterhalb des Rippenbogens auf das Zwerchfell legen. Sie spüren dann, wie es bei dieser Übung hüpft und gelockert wird. Gut bei Verspannungen durch Ärger oder Stress. Nehmen Sie sich nach dem Schnuppern Zeit, der Übung nachzuspüren. Wie fühlen sich Körpermitte, Zwerchfell und Bauch an?

Tipp: Übergießen Sie ein paar frische Teeblätter (z. B. Pfefferminze oder Zitronenmelisse) mit heißem Wasser. Ein wunderbarer Duft wird sich im Zimmer verteilen – erspüren Sie, wie er sich in der Lunge und dann im ganzen Körper verteilt. Lassen Sie den Duft in der Nachspürphase nachwirken.

Seufzen: Erleichterung pur

Seufzen erleichtert. Nach einem „Seufzer der Erleichterung“ lässt die körperliche, seelische und geistige Anspannung nach, und ein tiefes Durchatmen ist wieder möglich. Machen Sie sich Luft – das ist eine natürliche Reaktion auf Stress, Ärger, Angst oder andere Belastungen. Seufzen Sie, wenn es Sie danach verlangt, wenn Sie mal wieder „Dampf ablassen“ oder einfach nur die Ausatmung verlängern und den Atemrhythmus verlangsamen wollen.

Stellen Sie sich aufrecht hin. Dann ziehen Sie ein wenig die Schultern hoch und lassen sie mit einem langen herzhaften Seufzer auf „paaahh…“ oder „puuuhh…“ wieder los. Wenn Sie wollen, denken Sie dabei „loslassen“ oder „guuut“. Dabei stellen Sie sich vor, alles abzugeben: die verbrauchte Luft ebenso wie Verspannung, Ärger oder was immer Sie bedrückt. Die Schultern dabei tiefer und tiefer sinken lassen und die aufrechte Haltung wahren.

Bei der zweiten oder dritten Wiederholung lassen Sie alles Belastende und allen Kummer noch tiefer auf den Boden absinken. Stellen Sie sich vor, dass Sie durch die Poren Ihrer Haut alles Belastende und Negative seufzend ausatmen. Spüren Sie, wie die Lungen sich noch mehr leeren. Nehmen Sie dann wahr, wie frischer Sauerstoff die Lungen füllen kann und wie Ihr Körper und Geist klar und frisch werden und erstrahlen. Spüren Sie dann gelöst nach. Wie fühlt es sich jetzt in Ihnen an? Fühlen Sie sich befreiter, ist der Kopf klarer? Genießen Sie die tiefe Ruhe, die Stille in sich, die nach herzhaften Seufzern besonders intensiv ist. Der tiefe, gelöste Atem kann sich jetzt im ganzen Körper ausbreiten.

Summen: in Schwingung versetzen

Eine sehr angenehme Übung, bei der innerlich leichte Vibrationen entstehen, die lösend und entspannend wirken. Stellen Sie sich aufrecht hin, atmen Sie ein und dann langsam auf ein stimmhaftes „ssss…“ aus. Erspüren Sie die Vibrationen. Die Ausatmung verlängert sich bei dieser Übung, sodass Sie die Lunge besser entleeren und Anspannungen abbauen. Experimentieren Sie auch mit anderen Tönen wie „nnn…“ oder „mmm…“ oder „ng…“. Spüren Sie die Schwingungen und Vibrationen in den Nasennebenhöhlen? Stellen Sie sich vor, dass sich der Ton auf den ganzen Körper ausweitet, und zwar so lange, wie Sie ausatmen können. Konzentrieren Sie sich beim anschließenden Nachspüren auf die Wirkung der Vibrationen in der Nase, den Nebenhöhlen und im ganzen Körper.

Tipp: Klopfen Sie mit den Fingerkuppen bei der klingenden Ausatmung leicht auf die Jochbeine. Falls Sie spüren, dass eine bestimmte Körperstelle blockiert ist, lassen Sie die Vibrationen des Tons in Ihrer Vorstellung besonders dorthin fließen. So können sich Spannungen allmählich auflösen.

Tönen: heilsame Vokale

Durch Summen und Tönen wird der gesamte Organismus in Schwingung versetzt. Die Töne wirken lockernd, fördern die Durchblutung, bringen den Energiestrom wieder zum Fließen und regenerieren so den Körper und seine Organe. Wählen Sie beim Tönen Vokale, während Sie langsam ausatmen, und konzentrieren Sie sich darauf, wo Sie welchen Ton spüren. „Aaa…“ wirkt im oberen Brustkorb, in den Lungenspitzen, dem Herzbereich und der Thymusdrüse; „eee…“ im Halsbereich, besonders in Schilddrüse, Kehlkopf und Stimmbändern; „iii…“ in der Kopfregion, besonders der Schädeldecke, der Hypophyse, der Stirnmitte und zwischen den Augenbrauen (im Bereich des „dritten Auges“); „ooo…“ im Bauchbereich; „uuu…“ im Unterleib und unteren Becken.

Nach der chinesischen Gesundheitslehre entspricht übrigens jeder Ton einem Chakra (Wurzelchakra: u; Sakralchakra: o; Solarplexuschakra: a; Herzchakra: a; Kehlkopfchakra: e; Stirnchakra: i; Scheitelchakra: i).

Zischen: Dampf ablassen

Jetzt atmen Sie auf einen Zischlaut aus, z. B. auf „tsch…“ oder „tschi, tschi, tschi“. Mit Zischlauten können Sie besonders gut „Dampf ablassen“ und Stress oder Aggressionen abbauen. Stellen Sie sich eine Dampflokomotive vor und atmen Sie auf „tsch, tsch, tsch…“ aus, so lange wie der Ausatemstrom reicht. Dann wieder durch die Nase einatmen. Sie können dabei die Hände auf das Zwerchfell unterhalb der Rippen legen und bei jedem „tsch“ das Zwerchfell erspüren oder sogar kurz dagegendrücken.

Variation: Stellen Sie sich aufrecht hin und heben Sie die Arme einatmend bis in Brusthöhe vor sich an. Die Handflächen zeigen nach oben. Dann auf „tsch…“ ausatmen, dabei die Hände rasch zu Fäusten ballen und blitzschnell in Richtung Brustkorb ziehen. Die Ellenbogen ziehen Sie nach hinten, an den Brustkorbseiten vorbei.

Pusten: wie eine sanfte Brise

Stellen Sie sich aufrecht hin und nehmen Sie eine Pusteblume in die Hand. Wenn es die nicht gibt, reicht auch ein Grashalm – oder die Vorstellung davon. Halten Sie ihn vor sich und pusten Sie dann ausatmend dagegen, sodass er sich bewegt. So lange, wie Sie ausatmen können. Beobachten Sie dabei die Blume oder den Halm. Sie können auch eine Kerze vor sich halten oder sich vorstellen: Pusten Sie gegen die Flamme, bis sie flackert, ohne auszugehen.

Lachen: gute Laune einladen

Lachen ist eine der schönsten natürlichen Atemübungen. Lachen wirkt immer stimmungsaufhellend, weil das Gehirn nicht zwischen künstlichem und echtem Lachen unterscheiden kann. Lachen und auch Weinen wirken befreiend. Die Atmung wird vertieft, die Atemmuskeln, besonders das Zwerchfell, gekräftigt und von Anspannungen befreit. Gleichzeitig wird das Immunsystem angekurbelt. Wenn es gerade nichts zu lachen gibt, dann lachen Sie einfach trotzdem: Stellen oder setzen Sie sich aufrecht hin. Klatschen Sie beim Ausatmen rhythmisch in die Hände und atmen Sie auf die Laute „ha-ha-ha" oder „ho-ho-ho" aus.

Reinigungsatmung: eine saubere Sache

Diese Übung wirkt reinigend auf die Lungen, die Atemwege und das Blut. Atmen Sie durch die Nase ein, wobei der Bauch sich ausdehnt. Dann den Bauch besonders kräftig zurückziehen, um die Luft aktiv durch die Nasenlöcher herauszutreiben. Wiederholen Sie diese stoßweise Atmung vier- bis achtmal, danach die vertiefte Atmung wahrnehmen. Den kompletten Durchgang zwei- bis viermal wiederholen. Spannen Sie, wenn Sie mögen, beim Ausatmen bewusst den Beckenboden an und ziehen Sie ihn hoch.

Variation: Übung wie oben, jedoch die Luft auf ein kräftiges „haaa..." ausströmen lassen.

Strahlend: Licht- und Farbatmung

Setzen Sie sich aufrecht hin oder legen Sie sich auf den Rücken. Lassen Sie den Atem natürlich kommen und gehen und erspüren Sie die Ruhe, die dabei entsteht. Stellen Sie sich dann ein Licht oder eine Farbe vor, die Ihnen gerade in den Sinn kommt. Nehmen Sie bei jeder Einatmung das Licht oder die Farbe in sich auf. Füllen Sie jede Zelle damit. Jedes Organ, jeder Körperteil erstrahlt in diesem Licht oder in der Farbe. Während des Ausatmens binden Sie die Farbe oder das Licht in Ihrem Körper. Dann atmen Sie noch mehr Licht oder Farbe ein. Nehmen Sie sich immer genügend Zeit für die Ausatmung und stellen Sie sich vor, wie Ihr ganzer Körper dabei in einem angenehmen Licht erstrahlt.

Entspannungsprogramme

Abschalten, Dampf ablassen oder endlich mal wieder richtig durchschlafen – mit den folgenden Übungsprogrammen atmen Sie sich entspannt durch den Tag. Schon wenige Minuten reichen, um die Stimmung zu heben, Energie zu tanken oder sich besser zu konzentrieren.

Kurzprogramme für jeden Tag

Ihren Atem haben Sie inzwischen mithilfe der Basisübungen kennengelernt. Auch die Dehnungen, die Atem-Variationen und Achtsamkeitsübungen sind Ihnen vertraut. Die folgenden Übungsprogramme kombinieren verschiedene Übungen aus diesen vier Bereichen. Wählen Sie aus der Vielzahl der Themen das passende aus.

Sie können das ganze Übungsprogramm wie beschrieben durchgehen, das dauert in der Regel 10–20 Minuten. Wenn Sie einmal intensiv üben wollen, können Sie es auch beliebig ausdehnen. Dann können Sie eine oder mehrere Basisübungen vorneweg üben. Achten Sie darauf, mit einer ruhigen Übung abzuschließen, um eine tiefe Entspannung zu bewirken. Dazu eignen sich beispielsweise die Übungen aus dem Nachtprogramm (Seite 95). Wenn Sie nur wenige Minuten Zeit haben, können Sie sich auch auf eine Übung beschränken und führen diese dann in Ruhe und ganz bewusst aus. Denn darauf kommt es an: sich auf das, was Sie tun, ganz zu konzentrieren, um die Gedanken einen Moment lang zur Ruhe zu bringen und sich regenerieren zu können.

Morgens: entspannt in den Tag

Für viele Menschen beginnt der Tag mit Stress: Streit ums Bad schlichten, die Kinder zur Eile antreiben, das Frühstück und die Pausenbrote richten, nebenbei schnell einen Kaffee trinken und dann ab ins Büro. Höchste Zeit, etwas zu ändern: Beginnen Sie den Tag mit Atemübungen, die Sie ganz elegant in die Morgenroutine einbringen – vielleicht schließt sich die Familie Ihnen an.

Im Bett oder vor dem Fenster

Sie liegen noch im Bett und sind noch nicht ganz wach, das Aufstehen fällt Ihnen schwer? Diese Übung macht munter: Strecken Sie einatmend beide Arme im Liegen nach hinten, spreizen Sie dabei die Finger. Dann ausatmend die Hände zu Fäusten ballen und unter Anspannung zum Brustkorb ziehen. Schultern und Ellenbogen ziehen in Richtung Gesäß. Atmen Sie auf „sch…“ oder „pfff…“ oder einen Vokalton aus.

Variation: Diese Übung können Sie auch im Stehen vor dem offenen Fenster machen.

Im Badezimmer

Rollen Sie ein Handtuch der Länge nach zusammen oder verwringen Sie es und nehmen Sie beide Enden in die Hände. Strecken Sie dann einatmend die Arme mit dem Handtuch weit nach oben. Jetzt atmen Sie stoßweise aus und führen dabei das Handtuch Schritt für Schritt nach unten. Achten Sie darauf, dass sie dazwischen nicht einatmen. Der Oberkörper bleibt gerade, die Knie sind leicht gebeugt, und die Arme senken sich. Das Handtuch zieht am Gesicht, Oberköper und Bauch vorbei bis zu den Oberschenkeln. Die Ausatmung kann in vier, sechs oder in acht Stufen erfolgen. Mit jedem Ausatemstoß geben Sie allen Ärger und alle belastenden Gedanken ab. So starten Sie gelassen in den Tag.

Variation: Rollen Sie ein Handtuch der Länge nach zusammen und halten Sie es in der Mitte mit beiden Händen fest. Atmen Sie durch die Nase ein. Dann durch den Mund ausatmen und das Handtuch kräftig auswringen – so lange wie Sie ausatmen können. Die Schultern bleiben dabei tief.

In der Küche

Stellen Sie sich hinter einen Sessel, den Küchentisch oder vor die Arbeitsplatte, stützen Sie sich mit beiden Händen ab. Einatmend heben Sie sich in den Zehenstand. Ausatmend kommen Sie wieder auf die Fußsohlen und gehen dann federnd auf der Stelle, und zwar so lange, wie Sie ausatmen können. Geben Sie beim Ausatmen alle Anspannung und allen Ärger mit ab. Bei Zeitnot: Machen Sie diese Übung, während Sie die Brote schmieren oder Ihr Lunch-Paket fürs Büro richten.

Variation: Legen Sie ein Balance-Pad (das ist ein flaches, luftgefülltes Gummikissen, im Sportgeschäft erhältlich) oder einfach ein paar Kissen unter Ihre Füße. Dann können Sie die Anspannung richtig wegstampfen.

Beim Frühstück

Der Tisch ist gedeckt, der Kaffee steht bereit? Dann halten Sie kurz inne und legen Sie beide Hände auf den Bauch. Atmen sie durch die Nase ein und auf „puuh" so lange wie möglich aus. Atmen Sie dabei alle Anspannung, Druck und Ärger kräftig mit aus. Unterstützen Sie die Ausatmung, indem Sie die Hände stoßweise gegen den Bauch drücken. Das geht auch gemeinsam am Frühstückstisch – und kann für ungeahnt gute Laune sorgen.

Variation: Wie oben, jedoch die Unterarme etwa 90 Grad anbeugen; dann beim Ausatmen die Oberarme und Ellenbogen locker gegen beide Rumpfseiten klopfen.

Mittags: Gelassenheit im Alltag

Ideal für die Mittagspause oder für zwischendurch im Büro: Dieses Programm erfrischt und gibt Energie, damit Sie sich wieder besser konzentrieren können. Schreibtischstuhl und Autositz sind – neben ihrer eigentlichen Funktion – ideal zum Entspannen, weil die angelehnte, leicht nach hinten geneigte Sitzposition auch die Bandscheiben gut entlastet. Wichtig ist, dass Sie mit dem Gesäß ganz nach hinten rutschen.

Zur Ruhe kommen

Setzen Sie sich auf Ihrem Bürostuhl ganz nach hinten und lehnen Sie sich an. Legen Sie die Hände auf den Bauch und konzentrieren Sie sich auf Ihren Atem. Wenn die Gedanken abschweifen wollen, kehren Sie immer wieder zu Ihrem Atem zurück. Lassen Sie alle Anspannung los, im Schulterbereich, im Kiefer, zwischen den Augenbrauen, im ganzen Körper. Spüren Sie unter Ihren Händen die Atembewegung.

Flügel wachsen lassen

Setzen Sie sich auf dem Schreibtischstuhl ganz zurück und drücken Sie den Rücken gegen die Lehne. Führen Sie einatmend die Arme seitlich nach oben. Dann die Arme langsam wieder senken und den Atem sanft und langsam ausströmen lassen. Am Ende der Armbewegung die Hände auf den Bauch legen und abwarten, bis der Impuls zum Einatmen von alleine kommt. Währenddessen auch das Gesicht und die Schultern entspannt sein lassen. Nach zwei bis vier Wiederholungen der Übung nachspüren. Wie fühlen sich jetzt Brustkorb und Flanken an? Hat der Atem sich vertieft?

Den Nacken lockern

Setzen Sie sich auf dem Schreibtischstuhl ganz zurück und legen Sie die Hände auf den Bauch. Spüren Sie, wie der Atem kommt und geht und lassen Sie nach einer Weile den Kopf schwer zur rechten Seite sinken. Lassen Sie allein die Schwerkraft wirken und den Atem gelöst fließen. Ziehen Sie dabei nicht die Schultern hoch, lassen Sie beide Schultern ganz schwer sein. Sie können, wenn Sie mögen, die Hände dabei auf den Oberschenkeln ablegen. Nach zwei langsamen, entspannenden Atemzügen ziehen Sie das Kinn ein wenig in Richtung Brustbein. Nehmen Sie die Nackendehnung ganz bewusst wahr. Der Atem hilft, in der linken Nackenseite Verspannungen zu lösen. Durch die Konzentration auf den Nacken und auf den Atem kommen Sie zur Ruhe und können seelische und geistige Spannung abbauen. Nach zwei weiteren sanften Atemzügen heben Sie den Kopf wieder an und spüren nach. Die Konzentration bleibt beim Atem und beim Nacken. Dann die andere Seite üben.

Augen entspannen durch Palmieren

Setzen Sie sich ganz nach hinten auf den Schreibtischstuhl und lehnen Sie sich an. Reiben Sie Ihre Hände gegeneinander, bis sie warm sind. Beugen Sie den Kopf ein klein wenig nach vorne und legen Sie beide Hände auf das Gesicht, sodass die Handflächen wie zwei Kuppeln die Augen abschirmen. Konzentrieren Sie sich auf die Dunkelheit und lassen Sie den Atem ganz natürlich fließen. Die Augen entspannen sich, das Gesicht entspannt sich, der Atem kommt zur Ruhe und ebenso die Gedanken.

Abends: raus aus der Grübelfalle

Gehören Sie auch zu den Menschen, deren Gedankenkarussell sich pausenlos dreht? Die Gedanken kreisen um das letzte Gespräch, das morgige Meeting, springen zu den vielen Dingen, die noch erledigt werden müssen. Dann fällt es schwer, abends abzuschalten. Mit diesem Programm kommen Sie zur Ruhe, leeren den Geist und bändigen die Gedanken. So entsteht Raum für Neues. Ideal auch für zwischendurch.

Unnötiges abschütteln, Belastendes ausatmen

Schütteln Sie ab, was Sie innerlich blockiert, in Anspannung hält oder was vergangen ist und Sie nicht loslässt. Stellen Sie sich aufrecht hin. Heben Sie einatmend die Arme in Richtung Decke und stellen Sie sich vor, Sie könnten durch die Decke nach den Sternen greifen, abwechselnd mit der rechten und der linken Hand. Durch die leicht geöffneten Lippen ausatmen, dabei die Knie leicht beugen und die Arme vor dem Körper sinken lassen. Arme und Handgelenke ausschütteln – so lange, wie Sie ausatmen können. Gleichzeitig mit den Knien locker wippen. Stellen Sie sich dabei vor, wie Sie Stress, Ärger und alles Belastende abschütteln und loslassen. Ein paar Mal wiederholen.

Ärger und Verspannungen wegboxen

Stellen Sie sich aufrecht, die Füße hüftbreit, und beugen Sie die Knie etwas. Winkeln Sie dann die Ellenbogen an und ballen Sie die Hände zu Fäusten. Boxen Sie nun ausatmend mit den Fäusten in kleinen Bewegungen auf und ab. Wenn Sie mögen, stellen Sie sich dabei vor, Sie würden die Luft wegboxen. Der Oberkörper bleibt dabei stabil. Boxen Sie so lange, wie Sie ausatmen können. Einatmend öffnen Sie dann die Hände und führen die Arme waagerecht zur Seite. Dabei sind die Ellenbogen leicht gebeugt und die Handflächen zeigen nach oben. Die Schultern bleiben unten. Sie können auch auf „puuh" oder auf einen Vokal ausatmen. Lassen Sie dabei Stress, Anspannung und inneren Druck los. Sie werden sich sicher befreiter, leichter, und durchatmeter fühlen.

Variation: Geübte boxen mit den Fäusten auf und ab und heben dabei abwechselnd die rechte und linke Ferse an. Beim Absetzen fest auf den Boden trampeln.

Den Kopf freiklopfen

Beseitigen Sie Gedankenstau und lösen Sie Anspannungen im Kopfbereich durch diese schnell wirkende Klopfübung: Setzen Sie sich aufrecht auf einen Stuhl oder stellen Sie sich aufrecht hin, die Füße hüftbreit auseinander. Dann beugen Sie den Kopf ein wenig vor. Atmen Sie ein; beim Ausatmen heben Sie die Arme und klopfen mit den Fingerkuppen leicht und locker den Hinterkopf ab. Klopfen Sie zuerst von der Mitte der Stirn nach hinten bis zum Nacken, dann auch seitlich, bis Sie irgendwann bei den Ohren angekommen sind, und um die Ohren herum klopfen. Lassen Sie den Atem dabei gelöst fließen und konzentrieren Sie sich auf das angenehme Gefühl auf der Kopfhaut.

Die Schultern sinken lassen

Setzen Sie sich aufrecht auf das vordere Drittel eines Stuhls oder stellen Sie sich aufrecht auf den Boden. Stellen Sie sich eine Medaille auf Ihrem Brustkorb vor und recken sie den Kopf nach oben. Die Schultern hängen nicht nach vorne, sind aber auch nicht extrem nach hinten gezogen, sondern befinden sich in der Mittelposition. Die Arme hängen schwer nach unten. Wenn Sie wollen, schließen Sie die Augen und spüren Sie zunächst den festen Bodenkontakt Ihrer Füße und die Auflagefläche des Gesäßes auf dem Stuhl. Spüren Sie, wie der Atem in Ihrem Körper fließt und sich überallhin ausweitet.

Lenken Sie dann Ihre Aufmerksamkeit auf Ihre Schultern und lassen Sie dort alle Anspannung los. Lassen Sie die Schultern tiefer und tiefer sinken und lassen Sie den Atem dabei natürlich fließen. Sagen Sie sich: „Atem ruhig und weit. Schultern tief."

Variation: Wie oben, jedoch dieses Mal einatmend die Schultern hochziehen und ausatmend die Schultern fallen lassen. Dann ausschütteln. Die Schultern bleiben immer senkrecht, sinken nicht nach vorne ab.

Nachts: erholsamer Schlaf

Sie kommen nicht zur Ruhe, tausend Gedanken kreisen noch in Ihrem Kopf? Oder Sie wachen in der Nacht auf und können nicht wieder einschlafen? Dann helfen die folgenden Übungen, bei denen Sie sich ganz auf Ihren Atem konzentrieren und dabei den Körper wohlig schwer werden lassen. Zusätzlich beruhigend wirken Lavendel- oder Johanniskrautöl. Geben Sie ein paar Topfen auf ein Stück Stoff und legen Sie es unter das Kopfkissen.

Tief in den Bauch atmen

Sie liegen bequem im Bett, am besten mit einem Kissen oder einer Schaumstoffrolle unter den Knien. Legen Sie entweder die Hände auf den Bauch oder die Arme mit den Handflächen nach oben entspannt neben dem Körper ab. Spüren Sie nun die Schwere des ganzen Körpers und richten Sie Ihre Konzentration ganz auf den Atem. Spüren Sie, wie der Atem kommt und geht, wie die Atemwelle sich in Ihrem ganzen Körper ausbreitet. Der Bauch und die Seiten weiten sich und werden wieder enger. Stellen Sie sich vor, wie der Körper mit jeder Ausatmung schwerer und schwerer wird.

Die Atemwege wahrnehmen

Lassen Sie Ihren ganzen Körper atmen und beobachten Sie, wie es in Ihnen

atmet. Geben Sie dem Atem gedanklich eine Farbe, z. B. ein beruhigendes Grün, Orange oder Ihre Lieblingsfarbe. Stellen Sie sich bildlich vor, wie der Atem durch die Nase einströmt, durch die Luftröhre nach unten fließt bis in die Lunge, und wie der kostbare Sauerstoff in jede Zelle transportiert wird. Stellen Sie sich dann vor, wie das Kohlendioxid auf dem umgekehrten Weg wieder nach draußen, aus dem Körper abtransportiert wird. Gleichzeitig lassen Sie alle Belastungen ausströmen und wegfließen. Lassen Sie alles los, was Sie bedrückt und anspannt, atmen sie alles einfach weg. Bei dieser Übung ist Ihre ganze Aufmerksamkeit beim Atem und beim Loslassen. Falls ein Gedanke auftaucht, lassen Sie ihn gelassen wieder gehen und kehren zu Ihrer Atembeobachtung zurück.

Fantasiereise ans Meer

Innere beruhigende Bilder entspannen und lassen den Geist zur Ruhe kommen. Beobachten Sie weiter Ihren Atem, wie er in die Tiefe fließt und sich überall in Ihrem Körper ausbreitet. Stellen Sie sich dabei vor, dass Sie am Strand liegen, im warmen Sand, und vor Ihnen die Meereswellen rauschen. Vielleicht liegen Ihre Füße so nah am Wasser, dass es sie gerade noch umspült, wenn eine Welle kommt. Hören Sie das Rauschen der Wellen und stellen Sie sich vor, wie die Welle kommt, sich überschlägt und dann zum Strand hin sanft ausläuft. Es ist ein ewiger, sich immer wiederholender Rhythmus, genau wie Ihr Atemrhythmus. Lassen Sie die Meereswelle langsam und weit auslaufen, genau wie Ihre Atemwelle.

Luftblasen schweben lassen

Bleiben Sie mit Ihrer Aufmerksamkeit bei Ihrem Atem. Spüren Sie, wie es in Ihnen atmet. Wenn Sie bei der Fantasiereise am Meer bleiben wollen, dann stellen Sie sich vor, wie sie auf dem Rücken im warmen Sand liegen. Wenn Sie mögen, können Sie sich in Gedanken auch ins Gras auf einer schönen grünen Wiese legen. Sie riechen die frische Luft. Stellen Sie sich nun vor, wie sich über Ihrem Kopf lauter kleine Luftbläschen bilden. Sie steigen langsam empor, ohne Hast und Eile, ganz langsam. Es entstehen immer neue Luftblasen. Sie schauen ihnen zu, wie sie Zentimeter für Zentimeter sacht nach oben steigen. Lassen Sie alle Ihre Gedanken und Gefühle mit nach oben steigen. Schauen Sie den Bläschen zu, wie sie schwerelos zum Himmel hochschweben. Sie werden spüren, wie auch Ihr Gesicht und Ihre Kopfhaut dabei schwerelos und weich werden.

Bessere Stimmung: gute Laune einatmen

Es ist wissenschaftlich erwiesen, dass eine positive Mimik und ein tiefer Atem die Stimmung heben. Die folgenden Übung verbinden beides: den tiefen Atem und die Entspannung der „Gefühlsmuskeln“ – das sind die Muskeln, die Gefühle anzeigen, also die mimische Muskulatur. Ein ideales Programm für zu Hause, im Garten, bei einem Spaziergang oder zwischendrin im Büro.

Auf der Siegertreppe

Nehmen Sie eine aufrechte Haltung ein, die Knie sind leicht gebeugt, die Arme hängen neben dem Körper. Stellen Sie sich zunächst vor, dass Sie eine Krone auf dem Kopf balancieren, so stolz sind Sie, dass der Nacken wie von selber lang wird. Stellen Sie sich dann vor, dass Sie eine Medaille auf dem Brustbein tragen, weil Sie einen Wettbewerb gewonnen haben. Führen Sie einatmend beide Arme im Halbkreis über hinten nach oben, bis sich die Hände auf etwas über Stirnhöhe befinden (nicht weiter). Die Handflächen zeigen dabei nach vorn. Denken Sie an den gewonnenen Wettbewerb und stellen Sie sich vor, wie glücklich Sie sind.

Danach ausatmend die Arme etwas eindrehen, sodass die Hände nach unten zeigen, und ganz langsam absenken. Den Ausatemstrom bis zum Schluss gedanklich verfolgen. Lassen Sie dabei alle Anspannung und alles Belastende los. Wenn der Einatemimpuls kommt, die Übung von vorne beginnen.

Lockerung durch Vibration

Setzen oder stellen Sie sich aufrecht hin. Beim Einatmen heben Sie die Arme über hinten nach oben. Beim Ausatmen ballen Sie die Hände zu lockeren Fäusten und klopfen damit weich von allen Seiten auf Ihren Brustkorb. Den Atem dabei langsam ausströmen lassen, am besten auf einen Vokalton „aaa…, eee…, iii…, ooo…, uuu…“ oder auf „mmm…“ (s. Seite 64).

Freude ausstrahlen

Stellen Sie sich aufrecht auf den Boden oder setzen Sie sich aufrecht auf das vordere Drittel eines Stuhls. Führen Sie dann einatmend den linken Arm nach oben und den rechten nach unten in eine Diagonale. Die Handflächen zeigen nach vorne. Dehnen Sie sich in die Diagonale hinein. Wenn Sie stehen, können Sie sich dabei auch auf die Zehen stellen. Beim Ausatmen die flachen Hände auf dem Bauch ablegen oder den Brustkorb abklopfen, dieses Mal aber mit den flachen Händen. Mit dem nächsten Ausatem die Arme in die gegengleiche Diagonale bewegen. Denken Sie dabei an eine Situation, bei der Sie sich gefreut haben, und lächeln Sie.

Bitte lächeln

Auf nichst reagiert unser Gehirn positiver als auf ein Lächeln, besonders wenn es mit einem tiefen Atem verbunden ist. Diese Übung können Sie im Stehen, Sitzen oder Liegen ausführen. Wenn Sie stehen oder sitzen, dann bitte aufrecht.

Atmen Sie einige Male langsam ein und aus und stellen Sie sich dann ein Lächeln vor. Stellen Sie sich ein „Smiley" vor und machen Sie es ihm gleich: Ziehen Sie die Mundwinkel leicht nach oben, sodass der Lächelmuskel sich anspannt. Das interpretiert das Gehirn sofort: Es geht mir gut. Sie können dabei die Augen geschlossen halten, um sich ganz auf dieses innere Lächeln einzustellen. Spüren Sie, wie Ihre Augen beteiligt sind bei diesem Lächeln. Lassen Sie es dann mit dem langsamen und tiefen Atem überall hinfließen. Lassen sie dieses Lächeln mit dem Atem zu jedem Körperteil, in jedes Gewebe, jede Zelle fließen und stellen Sie sich vor, wie jede Zelle zurücklacht. Bald ist der ganze Körper dieses Lächeln. Genießen Sie das Gefühl. Je öfter Sie diese Übung machen, umso mehr wird Sie eine optimistische Grundhaltung erfüllen. Eine ideale Übung an jedem Ort zu jeder Zeit.

Mehr Energie: atmend auftanken

Ruhige Bewegungen unterstützen den gelösten Atem, lockern verspannte Muskeln und helfen, die Gedanken zur Ruhe zu bringen. Im Büro oder im Wohnzimmer, im Garten oder auf dem Balkon, auch als kleiner Stopp während eines Spaziergangs – Orte und Gelegenheiten gibt es genügend, um die folgenden Übungen zu machen. Ideal ist es, wenn Sie dabei stehen, Sie können sie aber auch aufrecht im Sitzen ausführen.

Für alle Übungen gilt folgende Ausgangsstellung (im Sitzen analog): Stellen Sie sich aufrecht auf den Boden, die Füße stehen hüftbreit auseinander, die Zehen zeigen geradeaus oder leicht nach außen. Die Knie sind nicht durchgedrückt, sondern ein wenig gebeugt. Sie stehen fest auf dem Boden wie ein Baum im Wind. Die Arme hängen neben dem Körper. Lassen Sie bewusst die Schultern schwer sein und achten Sie darauf, dass sie nicht vor-, aber auch nicht nach hinten gezogen sind. Stellen Sie sich auf Ihrem Brustkorb eine Medaille und auf Ihrem Kopf eine Krone vor, dann stehen Sie aufrecht. Wichtig ist, dass Sie nicht den Kopf nach hinten ziehen, sondern den Nacken lang machen.

Die Atemdusche

Begeben Sie sich in die Ausgangsstellung. Lassen Sie den Atem ein paar Mal gelöst fließen. Heben Sie dann mit der Einatmung beide Arme im Halbkreis seitlich nach oben an, Handflächen zeigen nach oben. Wenn die Einatmung ganz natürlich in die Ausatmung übergeht, führen Sie beide Hände mit der Kleinfingerseite aneinander nach unten, am Gesicht, dann am Brustkorb und am Bauch vorbei. Stellen Sie sich dabei vor, dass wie bei einer Dusche Ihr Körper von oben nach unten mit Sauerstoff und Energie versorgt wird. Im Beckenbereich lösen Sie die Hände voneinander und lassen sie einen Moment neben den Hüften hängen. Dabei fließt in Ihrer Vorstellung der Atemstrom und die Energiedusche weiter bis zu Ihren Füßen. Führen Sie die Übung sehr langsam und konzentriert aus. Die Ausatmung vertieft sich automatisch. Jede Wiederholung vertieft die Ruhe und hilft, gedanklich loszulassen.

Der Springbrunnen

Begeben Sie sich wieder in die oben beschriebene Ausgangsstellung. Lassen Sie den Atem natürlich fließen. Legen Sie dann einatmend beide Handrücken vor dem Oberbauch zusammen, sodass die Fingerspitzen nach unten zeigen, und führen Sie die Hände nach oben bis weit über den Kopf, bis sich nur noch die Fingerspitzen berühren. Ausatmend beschreiben die Arme seitwärts einen Bogen nach unten, bis die Hände neben den Hüften angekommen sind. Die Handflächen weisen dabei nach unten. Wenn Sie wollen, können Sie bei der Abwärtsbewegung die Finger ganz schnell bewegen, als ob Sie wie ein Springbrunnen Wasser versprühen.

Die Atembewegung wahrnehmen

Lassen Sie den Atem gelöst fließen. Stellen Sie sich dann die Atembewegung vor: Das Zwerchfell senkt sich beim Einatmen und steigt beim Ausatmen wieder höher. Imitieren Sie diese Atembewegung mit Ihren Händen. Heben Sie die leicht gebeugten Arme so an, dass die Hände sich vor dem Bauch befinden. Die Handflächen zeigen nach unten und die Fingerspitzen berühren sich. Beim Einatmen senken Sie die Hände ein wenig nach unten, als ob Sie Luft wegdrücken wollten. Beim Ausatmen drehen Sie die Hände um, sodass die Handflächen nach oben zeigen, und lassen Sie sie wie das Zwerchfell ein wenig nach oben steigen. Ein- und Ausatmung und die Bewegungen geschehen fließend.

Die Luft wegschieben

Lassen Sie in der Ausgangsstellung den Atem frei fließen. Führen Sie dann beide Hände vor den Oberbauch. Einatmend schieben Sie die rechte Handfläche vor dem Körper nach oben über Ihren Kopf und gleichzeitig die linke Handfläche nach unten in Richtung Boden. Die Fingerspitzen beider Hände zeigen nach innen, zur Körpermitte. Die Ellenbogen bleiben bis zum Schluss leicht gebeugt. Schieben Sie die Luft mit beiden Händen nach unten und oben weg. Ausatmend ziehen Sie die Hände in einer langsamen Bewegung wieder zurück und legen Sie gelöst auf den Unterbauch. Lassen Sie den Atem ganz ausströmen. Dann gegengleich üben.

Dampf ablassen: Ärger einfach wegatmen

Der Chef fordert das Unmögliche, die Kinder hinterlassen Chaos, auf den Straßen stockt der Verkehr – Grund für Ärger liefert der Alltag meist genug. Doch Sie haben die Wahl: Sie können sich ärgern und damit den Körper in Alarmbereitschaft versetzen, oder Sie nehmen sich ein paar Minuten Zeit für wohltuende Atem-Entspannungsübungen. Tipp: Nutzen Sie den nächsten Stau für die folgenden Übungen, sie funktionieren auch im Auto. Ideal auch fürs Büro.

Ärger weghämmern

Stellen Sie sich hinter einen Sessel oder einen Schreibtischstuhl und legen Sie eventuell ein Kissen oder eine Decke oben auf die Lehne. Die Füße stehen hüftbreit auseinander, die Knie sind leicht gebeugt. Heben Sie nun einatmend die Arme v-förmig weit nach oben. Dann die Knie etwas mehr beugen, die Arme mit gebeugten Ellenbogen bis vor den Brustkorb senken und ausatmend mit den Fäusten auf die weiche Lehne des Sessels oder das Kissen auf der Lehne des Schreibtischstuhls hämmern. Atmen Sie dabei durch den Mund aus. Am Ende der Ausatmung den Bauch leicht einziehen, aufrichten und beim Einatmen Bauch und Brustkorb wieder weit werden lassen.

Diese Übung können sie auch gut auf dem Balkon oder auf der Wiese machen, dann einfach so tun, als ob Sie in die Luft hämmern. Wichtig ist, kräftig auszuatmen und dabei alle Anspannung abgeben und wegklopfen.

Druck abgeben

Stellen Sie sich in einen Türrahmen. Heben Sie die Arme und drücken Sie die Handflächen nach oben gegen den Rahmen. Atmen Sie dabei hörbar durch die Lippen aus. Sie können sich dabei vorstellen, wie die Luft aus dem geöffneten Ventil herausströmt. Drücken Sie so lange gegen den Rahmen, wie Sie ausatmen können. Lassen Sie Dampf ab, lassen Sie Luft ab! Senken Sie beim Einatmen die Arme und heben Sie sie beim Ausatmen wieder nach oben an. Nach einigen Wiederholungen heben Sie die Arme seitlich etwa auf Brusthöhe an und pressen links und rechts gegen den Türrahmen. Und jetzt kräftig allen Ärger ablassen.

Variation: Wenn Sie das nächste Mal im Stau stecken, heben Sie die Arme und pressen die Handflächen gegen das Autodach. Beim Ausatmen senken Sie die Arme wieder. Beim nächsten Einatmen wieder heben und zwei bis drei Atemzüge lang kräftig mit den Handflächen gegen das Dach drücken. Beim Ausatmen drücken Sie immer etwas mehr als beim Einatmen.

Den Nacken aktivieren

Falten Sie die Hände hinter dem Kopf, die Ellenbogen zeigen nach außen. Lassen Sie die Schultern tief. Der Brustkorb weitet sich in dieser Position, was das Einatmen erleichtert. Ausatmend drücken Sie den Kopf gut gegen die Hände. Gleichzeitig konzentrieren Sie sich auf die Atembewegung im Bauch. Am Ende der Ausatmung dürfen Sie die Bauchdecke zur Unterstützung leicht nach innen ziehen. Beim Einatmen lassen Sie Kopf und Bauch wieder locker.

Variation: Nutzen Sie zu dieser Übung die Kopfstütze, wenn Sie im Auto sitzen und eine lange Rotphase oder einen Stau vor sich haben. Legen Sie einfach die Hände hinter die Kopfstütze und verfahren Sie wie oben beschrieben.

Klopfen und entspannen

Atmen Sie durch die Nase ein, und wenn Sie dann durch den Mund ausatmen, klopfen Sie mit locker geballten Fäusten gegen den Brustkorb. Dabei können Sie auf a, e, i, o, u oder mmm tönen. Spüren Sie der lockernden Wirkung dieser Klopfübung nach.

Die Umgebung ausblenden

Zum Abschluss dieses Programms oder als Einzelübung an Ampeln, an denen Sie häufiger vor einer besonders langen Rotphase warten, oder überall dort, wo Sie im Sitzen kurz die Aufmerksamkeit auf den Atem lenken können (also nicht beim Fahren!): Konzentrieren Sie sich auf den Atem tief zum Bauch hinab. Blenden Sie für ein paar Sekunden die äußere Situation aus und spüren Sie nur Ihren ruhigen Atem. Wenn Sie wollen, denken Sie dabei an einen schlafenden Bären, eine duftende Blume oder ein anderes schönes, beruhigendes Bild.

Klarer Kopf: Konzentration und Inspiration

Das Gehirn leistet, wenn wir nachdenken oder konzentriert an einer Sache arbeiten, Schwerstarbeit. Dabei verbraucht es viel Energie und Sauerstoff. Da hilft es, sich aufzurichten und tief durchzuatmen. Zusätzlich sorgen die folgenden vier Übungen dafür, dass Sie Ihre Aufmerksamkeit für eine kurze Zeit auf eine andere Sache lenken. Es ist wissenschaftlich erwiesen, dass nach einer Denkpause wieder mehr Ideen sprudeln und es leichter fällt, sich zu konzentrieren. Die Übungen machen Sie am besten im Sitzen.

Dem Atem lauschen

Atmen Sie langsam durch die Nase ein und aus und lauschen Sie dem Ton, den der Atem beim Ein- und Ausatmen macht. Nehmen Sie den Unterschied wahr. Lauschen Sie. Wie fühlt sich der Einatemstrom an, wie der Ausatemstrom? Sie werden schnell merken, wie Sie zur Ruhe kommen und störende Gedanken wegschieben können.

Variation: Wenn Sie schon etwas geübter sind, können Sie sich gleichzeitig auf die Fingerspitzen konzentrieren und spüren, wie Energie einströmt. Wenn Sie sitzen, ist es gut, wenn die Handflächen nach oben zeigen.

Akupressur für die Nasenwurzel

Legen Sie Daumen und Zeigefinger einer Hand rechts und links an die Nasenwurzel. Geben Sie dann etwas Druck und kreisen Sie dabei auf der Stelle für 15–30 Sekunden. Konzentrieren Sie sich auf das Gefühl dabei. Dann die Hände in den Schoß legen und der Übung nachspüren. Sicher werden Sie feststellen, dass sich der Kopf nun freier und leichter anfühlt und die Gedanken klarer werden.

Massage für die Ohren

An den Ohren sitzen viele Akupressurpunkte – manche reden von 200, andere sogar von 400 Punkten. Mit einer Massage der Ohren erreichen Sie also gleichzeitig alle anderen Organe: Massieren Sie zuerst das eine, dann das andere Ohr mit der Hand derselben Seite. Die Zeigefinger liegen dabei vor, die Daumen hinter dem Ohr. Massieren oder drücken Sie das Ohrläppchen zwischen Daumen und Zeigefinger und wandern Sie dann langsam nach oben. Sie können auch beide Ohren gemeinsam massieren. Am Ohrläppchen befinden sich besonders viele Akupressurpunkte, deren Aktivierung gegen Konzentrationsschwäche hilft.

Der atmende Punkt

Malen Sie einen schwarzen Punkt (oder eine Blume) auf ein Blatt und hängen Sie es in Augenhöhe vor sich an die Wand. Stellen Sie sich mit etwa 1 m Abstand zur Wand aufrecht hin und konzentrieren Sie sich für 30–60 Sekunden auf den Punkt. Stellen Sie sich dann vor, dass der Einatem von diesem Punkt kommt und dass der Punkt ebenfalls einatmet, indem er den Atem von Ihnen erhält. Diese Übung wird Ihre Konzentrationskraft steigern und entwickeln. Machen Sie sie so lange, wie Sie mögen.

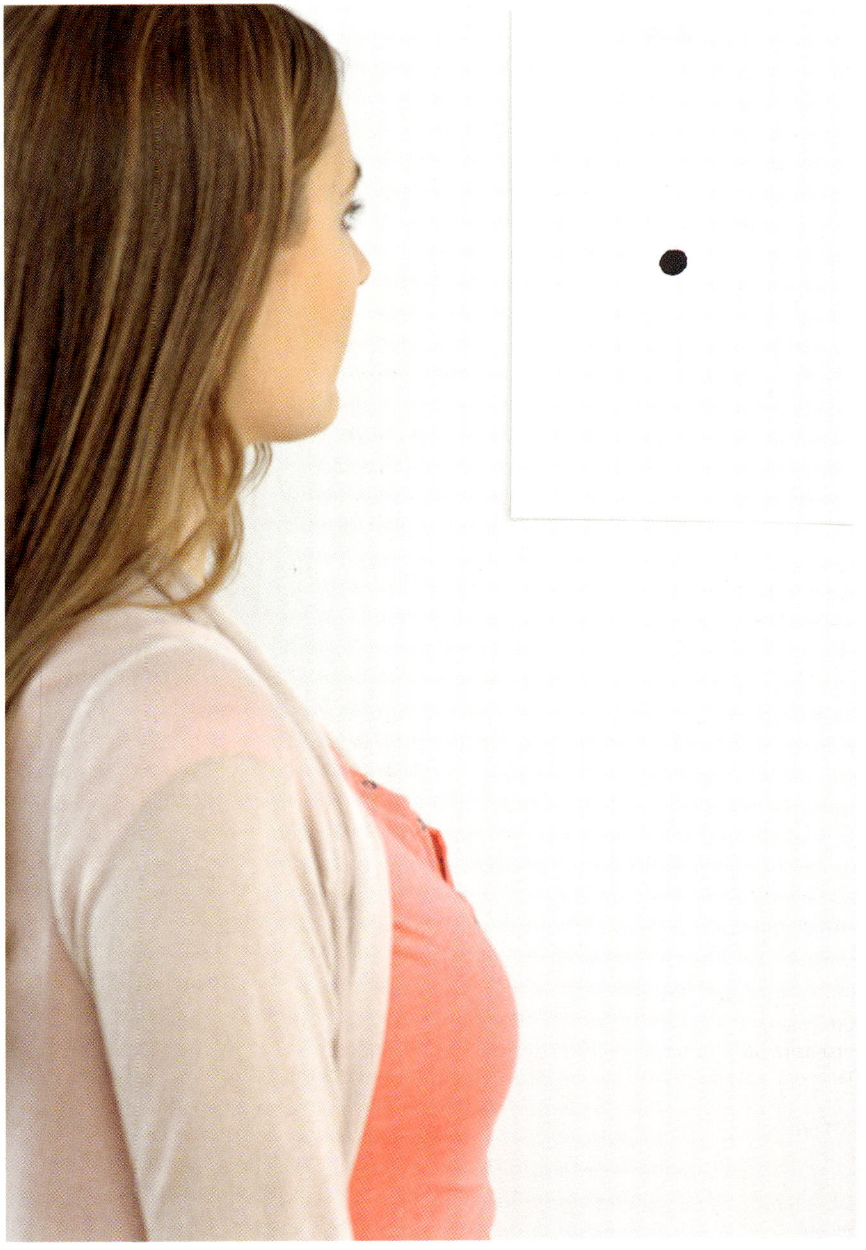

Sachwortverzeichnis

Bibliografische Information der Deutschen Nationalbibliothek
Die Deutsche Nationalbibliothek verzeichnet diese Publikation in der Deutschen Nationalbibliografie; detaillierte bibliografische Daten sind im Internet über http://dnb.d-nb.de abrufbar.

Programmplanung: Sibylle Duelli
Redaktion: Frauke Bahle, Karlsruhe
Bildredaktion: Christoph Frick

Umschlaggestaltung und Innen-Layout:
Cyclus · Visuelle Kommunikation, Stuttgart

Bildnachweis:
Umschlagfoto: Holger Münch, Stuttgart
Fotos im Innenteil: plainpicture/Baertels: S. 6;
Holger Münch, Stuttgart: alle weiteren Fotos

Zeichnungen: Holger Vanselow, Stuttgart

2. Auflage

Oswald-Hesse-Straße 50, 70469 Stuttgart

Printed in Germany

Repro: ludwig : media, Zell am See
Satz: Cyclus · Media Produktion, Stuttgart
gesetzt in: InDesign CS5
Druck: AZ Druck und Datentechnik GmbH, Kempten

Gedruckt auf chlorfrei gebleichtem Papier

ISBN 978-3-8304-8200-0
Auch erhältlich als E-Book:
eISBN (PDF) 978-3-8304-8201-7
eISBN (ePub) 978-3-8304-8202-4

Wichtiger Hinweis: Wie jede Wissenschaft ist die Medizin ständigen Entwicklungen unterworfen. Forschung und klinische Erfahrung erweitern unsere Erkenntnisse. Ganz besonders gilt das für die Behandlung und die medikamentöse Therapie. Bei allen in diesem Werk erwähnten Dosierungen oder Applikationen, bei Rezepten und Übungsanleitungen, bei Empfehlungen und Tipps dürfen Sie darauf vertrauen: Autoren, Herausgeber und Verlag haben große Sorgfalt darauf verwandt, dass diese Angaben dem Wissensstand bei Fertigstellung des Werkes entsprechen. Rezepte werden gekocht und ausprobiert. Übungen und Übungsreihen haben sich in der Praxis erfolgreich bewährt. Eine Garantie kann jedoch nicht übernommen werden. Eine Haftung des Autors, des Verlags oder seiner Beauftragten für Personen-, Sach- oder Vermögensschäden ist ausgeschlossen.

1 2 3 4 5 6

SERVICE

Liebe Leserin, lieber Leser,

hat Ihnen dieses Buch weitergeholfen? Für Anregungen, Kritik, aber auch für Lob sind wir offen. So können wir in Zukunft noch besser auf Ihre Wünsche eingehen. Schreiben Sie uns, denn Ihre Meinung zählt!

Ihr TRIAS Verlag
E-Mail Leserservice: kundenservice@trias-verlag.de
Lektorat TRIAS Verlag, Postfach 30 05 04, 70445 Stuttgart, Fax: 0711 89 31-748